瞬殺怪談
斬

我妻俊樹
伊計　翼
宇津呂鹿太郎
小田イ輔
黒木あるじ
黒　史郎
小原　猛
神　薫
つくね乱蔵
丸山政也
平山夢明

目次

瞬殺怪談　斬

騒々

ある夜。イラストレーターの男性が事務所から自宅までの道を帰っていると、近所の自動車整備場から、なにやら声が聞こえる。

半ば悲鳴である。閉められたシャッターが、派手に叩かれている。

ぎょっとしたが「酒盛りでもしているのだろう」と自分に言い聞かせ、足早に去った。

翌日、馴染《なじ》みの工場長に「昨日は賑やかだったね」と言うと、「なにが」と怪訝《けげん》な顔をされた。

見れば、首をひねる彼の背後には、車検に出されたと思われる一台の救急車。

ああ、なるほどと腑《ふ》に落ちた。

おんなのひと

お風呂場にいる女の人はだんだん薄くなってる。
そう力説する娘の言葉を、瑕疵物件と知って購入した自分は強く否定できない。

黒蟻

長谷さんが祖父の通夜で経験したことである。
便所から戻った長谷さんは、畳を這う大量の黒蟻《くろあり》に気づいた。
不審に思い、列をたどった長谷さんは呻《うめ》き声をあげてしまった。
黒蟻は祖父の口から溢《あふ》れていたのだ。僅《わず》かに空いた唇から、次々に這い出してくる。
何事かと側に来た父親も、同じように呻いた。
とりあえず退治が優先事項だ。祖父の遺体を父親に任せ、長谷さんは掃除を始めた。
黒蟻の列は廊下を進み、奥へ向かう。蟻の列は祖母の部屋に侵入している。
「婆ちゃん、入るよ」
返事がない。そっと扉を開けると、祖母はベッドで仰向けになっていた。
黒蟻は、次々に祖母の鼻に入っていく。祖母は夫の後を追うように亡くなっていた。
計らずも、祖父と祖母は夫婦仲良く葬儀となった。
どちらの遺骨も異常に脆くなっており、火葬後に拾い集めるのが大変だったという。

あんたがほって

上坂《うえさか》さんはおじいちゃん子で、どこへ行くにも祖父と一緒だった。ある日、二人で公園に行ってベンチで日向ぼっこをしていると、祖父の隣に見知らぬお婆さんが座った。

祖父の耳元で笑いながらボソボソと話しているので知り合いかと思ったが、祖父はお婆さんの顔を一切見ず、まっすぐ前だけを見ている。

何を話しているのかとよく聞いていると、「あんたがほって、ほって」と言っている。

お婆さんは何度も同じ言葉を繰り返すと急にベンチを立ち、去ってしまった。

祖父に「『ほって』ってなに?」と訊くと、驚いた顔をした。

「そりゃ、『死んでくれ』って意味だ。そんな悪い言葉、どこで聞いた?」

祖父には、あのお婆さんが見えていなかった。

翌日、祖父は夕飯時に心臓が止まり、そのまま死んでしまった。

訳アリ物件

峯子《みねこ》さんは昔知人の不動産屋に格安の部屋を紹介されたことがある。

都心のターミナル駅から徒歩五分のマンションで、他の部屋は十万円以上するのにその部屋だけ家賃四万円ほど。理由は過去に殺人事件があったことと、以来「幽霊が出る」といってどの入居者も長続きしないことの二点だった。

興味があったので内見はするつもりでいたが、しばらく忘れているうちに契約が決まったという話を聞いた。

借主は元プロ野球選手のタレント某《ぼう》。「愛人でも住ませるんじゃないか」と知人は笑っていたそうだが、二ヵ月もしないうちに某もやはりマンションを出ていった。

部屋で幽霊を見たらしく、しかも懇意にしているという霊能者に部屋を見てもらったところ「ここは更地にでもしなければ無理、住み続ける限り命の保証はできない」とまで言われたという話だ。

峯子さんは数年後にひょんなことからそのタレント某の不倫相手だったという女性と知り合いになった。

彼女によれば、実際あの部屋はともに既婚者である某と彼女が密会するために借りたものらしい。訳アリは承知の上で、ぺつに住むわけではないしホテル代よりずっと安いからという理由で、某が一人で決めてきたのだ。

何となく嫌な雰囲気の部屋で悪夢もよく見たが、明らかな霊現象は経験していない。ただ幽霊らしいものといえば、隣のビルの同じ高さの窓から時々白い顔の女がじっとこちらを見ていることがあった。

さほどの距離じゃないのに女は目鼻口が見えない、のっぺらぼうの顔に見えたという。

あれが幽霊？　でもこの部屋じゃなくてなぜ隣のビルに？　そう某も不思議がっていたそうだが、部屋に呼んだ霊能者の説明では〈のっぺらぼうの女は某の守護霊。部屋に取り憑いている霊が強すぎて近づけず、隣のビルからそっと見守っている〉という話だった。

それを聞いて青くなった某がすぐ退出を決めたというのが真相のようである。

次にタイ人の実業家がその部屋を借りた話まで峯子さんは聞いたが、後のことは知らないそうだ。

妖飴

良く晴れた日の朝、登校時に空を見上げると電柱の上に和服姿の女が立っていた。美しい頤《おとがい》を気持ち上げ気味にして、女は遠くを眺めている。その凛《りん》とした表情に惹きつけられ、しばし見とれてしまった。

次の日も、また次の日も女は電柱の上で遠くを見やっていた。他の子らには彼女が見えないようなので、彼女を見るのは自分だけのひそやかな楽しみにしていた。

ある日、朝一番に女の姿を探すと、珍しく彼女は電柱の上から下界を見下ろしていた。彼女と初めて目が合ったので、勇気を出して声をかけてみた。

おはようございます。挨拶すると、彼女は電柱に四肢《しし》を付けてヒタヒタと降りてきた。その爬虫類《はちゅうるい》めいた仕草は人に非ざるものだったが、とても美しかったので怖くなかった。

〈見られたら、もうここにはいられないんだよ〉と彼女は言い、飴玉を一つくれると消えてしまった。その日を境に、二度と彼女の姿を見ることはなかった。

彼女からもらった飴は食べないでいるうちに、どろどろに溶け、なくなってしまった。

指が挟まる

佐藤さんはマウンテンバイクで夜の沖縄を走るのが好きだったという。

ある夜南部を走っていると、いきなりチェーンが外れた。

見ると、横たわった血みどろの旧日本兵が、チェーンの間に指を挟んで、動けなくなっていた。

柳

学芸員のSさんの話である。

Sさんは幼い頃、母親のいうことを聞かないと、

「あんたはあの橋の柳の下で拾ってきたんだよ。駄々をこねていたら返しにいくからねッ」

そう叱られた。

母がいうのは、町外れに流れる一級河川に架かった橋のことだが、その言葉が嘘であるのは幼心にもわかっていた。しかしなぜか、橋のあるその辺りの場所が怖くて仕方がない。母にそういわれる度、いやだいやだ、といって泣きじゃくった。

それから三十年ほど月日が流れ、とある事情から地元の郷土史を調べていたSさんは、例の橋の一帯が幕末の頃まで刑場だったのを知った。資料によると、晒し首が置かれたのは橋の袂の右側で、それはまさに柳の木がある場所だった。

両親はいずれもこの町の出身ではなく、父の仕事の都合で、縁もゆかりもないこの地に偶々《たまたま》移り住んだにすぎない。それも他県から引っ越したとあって、母親が町の古い歴史など知るはずがなかった。

橋の付近には古びた石地蔵が一尊と馬頭《ばとう》観音があるだけで、刑場跡地を示す碑は見当た

らず、当時を偲《しの》ばせるものは特にない。周辺には新しい住宅がぽつぽつと見られ、交通量もそれなりにあるので、昔のことを知らなければ、なんということはない場所である。

なぜ母は橋の柳の下で拾ったなどといったのか、また自分もそのことを嘘だとわかりながら、どうしてあれほど怖ろしく感じたのか、Sさんは不思議に思った。

それに――。

「僕、苗字に首の字が入ってるじゃないですか。なんかそれがすごく厭で……」

後日、改めてその場所を訪れてみると、「南無妙法蓮華経」と髭題目《ひげだいもく》が刻まれた、朽ちた石碑が一基、叢《くさむら》のなかで横倒しになっていたそうである。

相談相手

ディティールや場所を変えて記す。


Tさんの母親は父親と一緒に九州で大きな工場を仕切っていた。

母親は仕事でいき詰まると、だれかに相談していたそうだ。それがだれかはわからない。

ただ「海で逢っていた」のと「人間ではなかった」ということだけは確かだという。

どうしてそう思うんです、なにかみたんですか？　と尋ねるとTさんはこんな話をした。


深夜、子どもだったTさんが目を覚ますと、父親と母親の会話が聞こえてきた。

「お前……そんなに、なんでもかんでも話して、決めてもらっても大丈夫なのか」

「安心してくださいな。人間みたいに裏切ったりしないんですから」

「そうかもしれんけど、得体が知れんだろ。おれは気持ちが悪くなるときがある」

「そうですか？　私はなりませんけどね」

「……明日はだれを連れていくつもりなんだ？」

「新しく雇った従業員のおんなの子。あの子いらないと思うんですけど、どうですか？」

「まあ、アイツならいいが……でもひとりだけなら、またすぐ腹がすくだろ」

「ああ、それなら大丈夫です。今回はちょっと騙してみようと思うんです」

「騙す？　あんなの、どうやって騙すんだ？」

「私に考えがあるんですよ。明日は大きなトラックでいきましょう。それと……」

なんの会話をしているのか、さっぱりわからないTさんはそのまま眠ってしまった。

その翌日、道路で大破したトラックから両親の遺体がみつかった。

工場では女性がひとり行方不明になっていたそうだ。

新年の始まり

Ｆさんの実家では、毎年元旦の朝に「おめでとうございます」という大きな声が響く。それは玄関の方から聞こえてくるが、家族は出向かない決まりになっているそうだ。声の主を見てしまうと、その年のうちに死んでしまうのだと代々伝えられているため、各々が自室でやり過ごしてから起床し、新年が始まるという。

訪問者

夜、自室でテレビを見ていると、玄関の扉がガチャリと開く音がした。

傍らで寝ていた愛犬が顔を上げ、けたたましく吠えながら部屋から飛び出して、玄関へと向かった。

次の瞬間、その吠え声はこれまで聞いたことのない、ぞっとする断末魔の叫びに変わった。

慌てて玄関に行くと、扉の前で愛犬が口から血を吐いて無惨に死んでいた。

玄関は内側から鍵が掛かっており、開いた形跡はない。

何故か犬の両の目は無くなっており、どこを探しても見つからなかった。

古家

ある休日、J子さんは近所にオープンしたカフェへ足を向けた。

「古民家の廃材をリノベーションしたと評判のカフェでした。フェイスブックで友だちがあげた写真を見て、自分好みだなと気になっていたんです」

たしかに店主こだわりの珈琲は美味しく、和風のおしゃれな雰囲気も悪くない。だが、彼女はどうにも落ち着かなかった。もう二度と来ないだろうな、という予感があった。

ふと、天井を見あげる。

太い梁《はり》の真下でぶらぶら揺れる、半透明の人影があった。

「うえ、って思わず声がでちゃいました。この廃材、いったいどんな家から持ってきたものやら……って呆れましたよ」

当然、それ以来行っていない。

店はいまも、そこそこ賑わっているらしい。

肩叩き

小島さんが勤める会社は業績が悪化し、社員の整理が行われようとしていた。

総務課の飯尾《いいお》課長がリストラ担当である。

良く言えば穏やか、悪く言えば優柔不断の飯尾課長に務まるのかと、皆が笑った通りの展開になった。

人員整理は遅々として進まず、飯尾課長は責められ続けた。

ある日、飯尾課長は自分自身を整理した。

電車に身を投げたのである。

それから二カ月経った今でも、飯尾課長は出勤してくる。

誰彼構わず背後に立ち、そっと肩を叩くそうだ。

叩かれた相手が呪われるとかは一切ないという。

皿洗い

深夜、トイレに入る。

窓の外から聞こえてくるのはカチャカチャ、ジャージャー、キュッキュッという皿を洗う音。いつものことだ。

しかし、窓の外に家はなく、ただ駐車場があるばかりだ。駐車場になる前は家が建っていたが、その場所は庭だったので、皿を洗う音など聞こえてきた試しがない。

その音がするようになったのがいつ頃からなのか記憶が定かではないが、駐車場になってからということだけは確かだ。

一体誰が、なぜ、そんなところで夜な夜な皿を洗うのか。不思議でならない。

ドリームキャッチャー

Hさんは悪夢に悩まされていた。

夢のせいで、なかなか疲れがとれない気がする――。

それを聞いて不憫《ふびん》に思ったAさんは、Hさんにドリームキャッチャーをあげた。

白いひもで結ばれている綺麗な造りのものだ。

プラシーボ効果か、Hさんは悪夢をみなくなった。

だがAさんは仕事中に急死してしまった。

白かったドリームキャッチャーはどんどん黒くなり、そのうちにボロボロになっていき、ひもが千切《ちぎ》れて床にポトリと落ちてしまった。

そして、その夜からまた悪夢をみるようになった。


Aさんが睨みつけてくる悪夢を。

覗く人

那覇市のとある交番の前には、夜中になるといつも、覗く人がいる。

沙織《さおり》さんは、夜中その交番の前を通るのが嫌だった。青白くて、上半身裸の中年男性が、まるで三日月のようなそり方で、交番のガラスを覗いているのである。

しかし、その男性はどうやら沙織さんにしか見えていないようで、一緒にいた友達に聞いてみても、くだんの男性は見えていないようなのである。

そんなある時、会社から夕方帰ってみると、アパートに置いてあった沙織さんの原付バイクが盗難にあっていた。

沙織さんは仕方なく、夜その交番に行き、盗難届けを書いた。

すると、書いている最中に、窓の外にくだんの男性が現れ、身体を捻じ曲げながら交番の中を覗いてきたのだ。

沙織さんが「ひゃっ」と声を上げると、交番の警察官が一言、こう言い放った。

「大丈夫です。あれは見てるだけだから。気にしないでください」

断言

とんでもない悪夢を見て、目が覚める。
隣で寝ている妻が目を閉じたまま、
「夢でよかったな」と嗤《わら》った。

忠告

栞《しおり》さんにはとても羽振りの良い元彼がいた。

「誕生日とか記念日じゃなくても、ブランドものをバンバン買ってくれたんですよ」

付き合いが二年を過ぎた頃、栞さんは度重なる浮気に耐えかねて彼と別れることにした。

別れ話になると彼は豹変し、〈俺が今までお前にやった物を全部返せ〉と言ってきた。

「返すのが嫌なら捨ててもいいが、売るのはダメだ。一つも手元に残すんじゃない。これはお前のために言ってるんだからな」

はいはい、と適当な返事をする栞さんをカフェに残し、彼は帰って行った。


別れ話から数日後の夜、帰宅した栞さんは部屋に異臭を嗅ぎとった。

「ケイジャンチキンみたいな臭い。それ、彼の体臭だったんですよね」

部屋の中を見まわしてみると、元彼がクローゼットの扉に張り付いていた。

「体がなくて顔だけだったので、アッ幽霊だって思いました」

栞さんが悲鳴を浴びせると、彼の生首はニヤニヤ笑いながら薄れていった。

あれは霊なの？　別れたショックで、彼が自殺したのかもしれない。

栞さんが気になって連絡してみると、元彼はあっさり電話に出た。

「わかってるよ。俺が出たんだろ」

さも可笑《おか》しそうに、元彼はこう言った。

「お前、俺からのプレゼント、全部捨てなかったろ」

図星だった。元彼からの贈り物はほとんど処分したのだが、入手困難でレアなブランドバッグ一つだけ、惜しく思ってクローゼットにしまってあった。

「俺、念が強くて物に気がこもっちゃうらしいんだ。捨てりゃ出なくなるよ。だから忠告してやったのにな！」

そう言って、元彼は電話を切った。

言うなりに捨てるのも癪《しゃく》だったので、栞さんはそのバッグを中古ブランド専門店に売った。

数日後にショーウィンドーを確認しに行くと、人気商品のためバッグは既に売れていた。

新たな購入者の下に元彼の生霊が出ているかどうか、栞さんは知らない。

逆戸

K子さんが病院から帰宅したとき、なにかの拍子で玄関の引き戸が二枚とも外れてしまった。大きなおなかを庇《かば》いながら、ようやくレールに嵌《は》めて、夕飯の支度にとりかかった。

数時間後に夫が帰ってきて、おいなんだよ逆戸《さかど》になっているじゃないか、と怒っている。

逆戸ってなによ、と訊くと、引き手の溝の部分が中央にくるように閉めるやり方で、その家の誰かが亡くなったときにするとのことだった。

夫は縁起を担ぐひとではないので、K子さんは意外に感じた。するとその翌日、胎動がないのに気づき、慌てて病院へ行くと、子どもの首にへその緒が幾重にもなって巻きついているという。

死産だったそうである。

事故車

海沿いのコンビニの駐車場の隅に事故車が駐めてあった。
かろうじて外国のスポーツカーだということがわかる、ひしゃげた黒い塊《かたまり》。
晃司《こうじ》さんは興味をひかれつつ店の中に入った。
買い物をして外に出ると、事故車が見当たらない。
数分しか経ってないので驚いて、車が消えてしまった場所に近づいた。
すると何もなかったはずなのに子供が二人座っている。
七歳くらいの男の子と女の子が、並んで地べたに座っていた。
男の子がぶるんぶるんとエンジン音を口真似し、ハンドルを捌《さば》く手つきをしてみせた。
二人の笑顔が大人びて気持ち悪かったので晃司さんは引き返す。
一度だけ振り返ると、駐車場には誰もいなかったという。

うなり水

Oさんは大きな通り沿いの店舗を兼ねた自宅に住んでいる。

目の前の通りは、何故か交通事故が多発するスポットだそうだ。

「大体はちょっとした追突事故とかだけど、死亡事故もあったよ」

それに関係するのかは不明だが、彼女の家で除湿器をつけると、時々真っ黒な水が溜まっていることがあるという。

「それを排水溝に流すとね、『わぁぁぁ』みたいな声が聞こえるの。排水溝に水が流れる時って、何ていうか独特な音がするじゃない？　チャラチャラっていうかそういう音。あれが人の叫び声みたいに変わるのね、まぁ私がそう思っているだけだけど」

その水を流した後に、事故が起こることが多いとのこと。

うー、うー、

ある深夜、神戸《かんべ》さんがトイレに行こうとすると、トイレの隣の風呂場から、うー、うー、とスマホのバイブ音が聞こえた。

脱衣場に置いたまま忘れているんだろう。こんな時間にかかってくるのは妹のスマホに違いない。へたにいじるとうるさいので放っておこうとトイレに入ると、音は止んだ。

トイレから出ると、再び音が鳴りだす。うー、うー。

よく考えると、常にスマホをいじっている妹が忘れていることに気づかないはずがない。気づけば、「ない、ない」と大騒ぎをするはずだ。父親の携帯電話かもしれない。

持っていってあげようと脱衣場に入った瞬間、神戸さんは踵《きびす》を返し、部屋へと戻った。

聞こえていたのがバイブ音ではなく、読経の声だとわかったからだ。

嗜好

おでん屋台の親父、かく語りき。

一年に一度ばかり、〈生きている人〉ではなく、〈生きていた人〉が訪ねてくるらしい。

「ことこと煮立ってる銅鍋の前へ立ってんのに、身体が寒くなるんですぐわかりまさぁ」

豆皿に卵やはんぺんを乗せて目の前にだしてやると、皿をじっと睨んでいつのまにか消える。だいたいは皿から一品か二品がなくなっている。

「去年の師走《しわす》も、そんな〈生きていた〉のが顔を見せやがったんですがね。くたびれたスーツの男で」

汁のしみた大根と結び昆布をだしてやったが、気づくと男はいなくなっていた。皿のタネは減っていない。

なんだろうと思っていたところが男は翌日も姿を見せ、やはり手をつけずに帰った。三日目、もしやと思いタネを白滝と竹輪《ちくわ》に変えたところ、今度は皿が空になっていた。

「生きてるモンだって好き嫌いがあるんだ、死人サマも変わりねえやな」と、親父は笑う。

稲荷

幼い頃、神などいるものかと神社のお狐さまの像や供え物の器を叩き割ったことがある。

せいせいして欠片《かけら》を踏みつけ、帰ろうと鳥居をくぐった途端、横っ面を張られた。

驚いてあたりを見回したが誰も居ない。ただ折れた歯が舌の上に載っている感触がある。

掌に吐き出してみると獣の牙だった。歯はどれも折れていない。

顔を見せない

坂上さんの日課は出勤前の散歩である。朝焼けの中、最近見つけたばかりの公園まで歩く。そこで腹筋運動や柔軟体操をしてから帰るのである。

その日も、いつものように公園に着いた。

木漏れ日を浴びながらベンチに座り、しばし休憩。ふと気づくと背後に人がいた。

振り向いて確認すると、黒いワンピースを着た女性である。

何故か両手で顔を覆っている。年齢は分からないが、若い女性に思えた。

何となく居づらくなった坂本さんは、腰をあげた。

その途端、女性が泣き出したという。聞く方の胸が詰まるような悲痛な泣き方である。

そのまま放置して帰るのは、人としてどうかと思わせる状況であった。

坂本さんは、できる限り優しく話しかけた。

こんなおじさんで良ければ、泣いている理由を話してみないか。

他人に話すことで少しは落ち着くかもしれないよ。

そう諭したのだが、女性は泣きやもうとしない。そろそろ自宅に戻らなければ、会社に遅刻してしまう。坂本さんは、立ち去ることを丁寧に詫びてから公園を後にした。

交差点を渡りながら振り返ると、女性はまだ泣いていた。

翌日も坂本さんは散歩に出た。いつものベンチに座った瞬間、坂本さんは背後の人に気づいた。まさかと思いつつ振り返ると、やはり昨日の女性であった。

服装も、両手で顔を覆って泣いている様子も昨日と同じである。

坂本さんは戸惑いながら、なおも女性を見つめていた。

「何か見えるのかい」

突然、声をかけられ、驚いて前を見ると犬を連れた老婦人が立っていた。

低く唸る犬を撫でながら、老婦人は固い表情を崩さずに言った。

「先週、そこで女の子が首を吊ってね。どうやってだか、自分の顔を両手で隠したまま死んでたそうだよ」

修行の成果

ある日曜日、咲江《さきえ》さんは自分の部屋の掃除をしていた。

隣室では信心深い夫が仏壇にお経を上げている。

そんな夫の邪魔にならないようにと、なるべく静かに掃除をしていたつもりだったのだが、棚の上を拭く際に誤って横に置いてあった花瓶を落としてしまった。

思わず「うわっ！」と叫び声を上げる咲江さん。それに続いて床にぶつかった花瓶が、大きな音を響かせて粉々に砕け散る。

「どうした⁉　大丈夫か⁉」

途端に夫が隣室から飛んできて、慌てた表情で聞いた。

「脅かしてごめん、花瓶落として割っちゃった」

「怪我は？」

「大丈夫。どこも怪我はないよ」

そんな会話をしつつも、咲江さんは奇妙なことに気がついた。

隣室からはまだ夫の読経の声が聞こえている。

「あれ？　あの声は？」

そう聞くと夫は答えた。

「ああ、あれ？　俺の声。俺、今向こうで勤行してるところだから」

「え？　どういうこと？」

咲江さんが聞くと、夫はこともなげに答えた。

「俺、信心してるから、こういうことも出来るようになったんだよ」

そう言い終わった途端、彼の体は煙のように消えてしまった。

驚く咲江さん。夫の読経はまだ聞こえている。

隣室を覗くと、仏壇の前に正座して手を合わせている夫がこちらを見た。

「大きな音がしたけど、何か割ったの？」

咲江さんが今あったことを話すと、彼はこう言った。

「毎日お経を唱えてるからって、そんな芸当できる訳ないだろ」

あれが何だったのか、未だに分からない。

骨

「夜になると骨が窓から覗くんです。うち、マンションの七階ですよ」

そういわれて「骨ですか？」と聞きかえしたのは普通のことだと思う。

「はい、骨なんです。白い、固い、皮膚のなかにある、あの骨です。どう思います？」

精神状態が良くないようすだったので、返答に困っているとスマホをみせてきた。

「昨夜も覗いてたので撮ったんです。ほら、骨でしょ？」

窓枠に手をかけて部屋を覗く、恐ろしいほど痩せたおんなが嗤《わら》っている。

骨だ、と思わずつぶやいてしまった。

その一　壁の向こう

那覇《なは》市に住んでいた仲村さんは、小さい頃変なものを見た。

ある空き地の奥に、一軒の廃屋が建っていた。木造で、相当古い。

空き地と廃屋の間に、二メートルほどのコンクリートの塀があった。

ある時、空き地にいると、塀の向こうから奇妙な声が聞こえてきた。

「マニアッタノカ」

「ソウトウナ、ケンリョクノ、ショウモウシタ、チカラダ」

「モチ、オイシイ」

意味不明の、何か甲高《かんだか》い、そんな声が聞こえてきた。

近くにあった瓶ビールのケースに乗って、塀の向こう側を見た。

するとそこには、何かを話し合っていたかのような姿で向かい合った二体の石像が置かれてある以外、何もなかった。

石像は、弘法大師のようでもあったが、はっきりとはわからなかった。

その二　壁の向こう　倒れる石像

次の日、仲村さんは、おかしなものがあると、友達三人を連れてきた。

ところが、しばらく聞き耳を立てていても、塀の向こうの話し声は聞こえてこない。

おかしいな。そう思って、仲村さんは再び瓶ビールのケースに上って、向こう側を眺めた。

昨日は向かい合っていた石像が、二体とも倒されていた。

どちらも、うつぶせになって、まるで死んでいる人間のように見えた。

一匹の薄汚れた猫が、その横で一心不乱にネズミを食べている最中だった。

「何もなかった。おかしいなあ」

そう言って仲村さんがケースから降りると、その姿を見た友達は悲鳴を上げて一目散に逃げていった。

いまだに、なぜ逃げたのか、分からないという。

その三　壁の向こう　雑草の中に入っていくと

仲村さんは四十代になり、結婚し、家を建てようと、不動産屋と那覇市内を回っていた。

「あ、ここに格安の土地がありますよ」

そういって不動産屋が案内したのは、くだんの石像のあった土地だった。

現在は廃屋もなく、更地で雑草が生えていたが、その土地は那覇市内では業者も驚く格安の値段だった。

雑草の中に入っていくと、茂みの中に何かがあった。

それは三十センチくらいの大きさの、赤い鳥居だった。

「これって、何でしょうねえ」と仲村さんが言った。

業者も、分からないと言った。

結局仲村さんはその土地を買うのをあきらめた。

黒い人

空が朱に染まる夕暮れ時、圭《けい》さんは自転車でコンビニに向かっていた。

夕陽を背に受けてペダルを漕いでいると、前方にのびる影が不思議とくっきり見えた。

信号待ちの間、アスファルトに落ちる影を見つめていたら、濃厚な影が人型に切り抜いた黒い画用紙のように見えてきた。

信号が青に変わった瞬間、影がふいに道路から浮いた。〈ぺりり〉とシールを剥がしていくように、地面から頭をもたげる黒い人型。

びっくりした圭さんは方向転換し、猛スピードで来た道を戻った。

十分ほど走ったところで停車した。足元を確認するとそこには、薄ぼんやりした普通の影があるのみだった。

「霊は死んだ人間だから共感する余地があるけど……ああいうヤツは、なんだかわからないから嫌な感じがするね」

その道では過去に数件の死亡事故が起きているが、漆黒の影との因果関係は不明である。

赤い人

名だたる心霊スポットを一晩中巡り、朝方に帰った。

昼ごろに起きると、手にひきつれるような痛みが走った。

寝巻の袖《そで》をまくってみると、両腕の手首から肘《ひじ》にかけて赤い線状の傷が何本も走っている。猫のひっかき傷に似ているが、それよりもっと幅が広くて太い掻き傷だ。

自分の手を見ても爪に皮膚片など挟まっていないし、昨晩こんな怪我をした記憶もなかった。

猫といえば、愛猫が傍に来ない。普段なら飼い主が起きたことを察知して飛んで来るのに、今朝は寝室の入り口で毛を逆立てて〈ふぎゃあ〉と唸《うな》るばかりだ。

愛猫は怯えている。だが、それは自分にではない。では、何に?

そんなことを考えていると、背後の空気がぐうっと重くなる。

振り向けば、視界の隅に何か赤い物が映る。汚く伸びた赤い赤い女の爪。

愛猫が尻尾の毛を膨らませて、〈シャアアアア!〉と鳴いた。

証拠

呑み屋で知り合ったひとがタクシー運転手をしているというので、

「乗せた客が突然消えて、シートが濡れているなんてことはありませんよね」

などと、かなりベタな話を挙げて怪しい話を訊き出そうとしたら、

「消えたことはないけど、まったくの別人に変わっていたことはあるよ」

会社勤めらしいスーツ姿の若い男性を乗せたはずなのに、ふとルームミラーを見たら八十歳ほどの年配の老人が座っている。腰が完全に曲がっており、降ろすときにも苦労したそうだ。

「なんかリアル浦島太郎みたいだったよ」

客を乗せた場所の周辺で、同様の経験をした者が社内だけで三人ほどいることが、気のせいでない、なによりの証拠だという。

リンク

深夜のスケートリンクを滑る者があった。真っ暗ななか、氷を削りながら滑走する音だけが聞こえた。尋常なことではない。たったひとりのバイト警備員は声を掛ける気力も萎え、いきなり照明を点けた。人はいず、何ごとも変化はない。

ただリンクの上に〈無数の顔〉が彫り描かれていた。

夏の川で

夏の暑い日、史香《ふみか》さんは川べりの道を歩いていて不思議なものを見た。

黒い手のひらのようなものが、向こう岸に近い水面に浮いたり沈んだりくりかえしている。

川は浅くて、人間の体が隠れるような水量はない。

史香さんはなぜか「水鳥か魚がたまたま手のひらみたいに見えるだけだ」とあっさり納得してしまった。

彼女の歩みに合わせるように、黒い手のひらは時々現れたり消えたりしていた。

やがて水に沈んだまま見えなくなると、途端に周囲が蝉《せみ》の声でいっぱいになった。

それまで不自然に静まり返っていたことに史香さんは初めて気づいた。

あんな形をした鳥や魚がいないことにも、ようやく気づいて鳥肌が立ったそうである。

つれていきたい

Eちゃんの従兄弟《いとこ》の男性が亡くなったのは二年前のこと。

「年も離れてたし、ちょっと気持ち悪い人だったんで生前は距離を置いてたんです……」

彼の火葬の際に揉めごとがあったという。

「私は現場にはいなかったんですけど、どうも伯父が御棺に私の写真を入れようとしてたみたいで……私のことが好きだったからって……」

しかも、どうやらそれらの写真は隠し撮りされたもののようだった。

「うちの父が『縁起でもない！』って激怒して、写真を破いて帰って来たんですね」

その場に残った彼女の母親によれば、結局、御棺に彼女の写真が入れられることはなかったそうだ。

しかしそれから時折、夜中に彼女の部屋の窓がノックされるような音を立てる。

「気のせいとは思いつつ、何故か従兄弟の顔を思い浮かべちゃうんです。ホント、写真で済んでたんなら一緒に燃やしてもらってよかったんですけどね……」

おしえてあげる

小学生の頃、冴恵《さえ》さんは飼い犬のペロを散歩に連れていくのが大好きだった。ペロの散歩は自分が担当していたのだが、この日はなぜか妹が散歩に連れていってしまったので、ふてくされて近所の公園で友達と遊んでいた。

最初は四人で遊んでいたが、五人、六人と増えていき、気がつくと十数人にまで増えていた。よく知っているクラスメイトもいるし、顔だけは見たことがあるけど喋ったことのない他のクラスの子もいる。そんな中に、まったく見覚えのない女の子が三人いた。三人とも美人で、お洒落《しゃれ》な服を着ているし、いい匂いもする。

その子たちと仲良くなりたかったが、なぜか冴恵さんだけ、相手にしてもらえない。目が合うとすぐにそらされるし、喋りかけても言葉を返してくれない。だんだんムカムカしてきて、三人を睨みながら「だいきらい、死んじゃえ、死んじゃえ」と心の中で念じていた。

帰り際、三人のうちの一人が冴恵さんに初めて話しかけてきた。

「いもうとといぬがしんじゃったよ」

冴恵さんが家へ帰ると、その通りになっていた。

秘密

祖母は亡くなる前、
「一度だけ、猫が〈ああ、もう厭じゃ〉と云うのを聞いたことがある」と云った。
自分もある。

観察

バードウォッチングを趣味とするF氏は、いつも「森の賢者」を探し求めている。

「フクロウのことですよ。彼らは冬の終わりから春にかけて、新しい巣を作るんです。なので観察は寒い時期、ウインタースポーツみたいなもんですね。ははは」

フクロウは樹洞《じゅどう》と呼ばれる木のほらに棲む。「これだ」と思う樹洞を見つけたあとは、持久戦なのだという。

その年、彼は手ごろな樹洞のある一本の桜に目をつけていた。

「あまり近くても警戒されてしまうんで、桜から数十メートル離れた藪のなかに身を隠し、ひたすら粘ることにしたんですよ」

しかし初日は空振り、二日目、三日目も無駄足に終わった。

と、四日目の夜。かさ、かさ、となにか動く音が闇のなかに聞こえた。

いよいよフクロウのおでましか。

色めきたって目を凝らす。

その鼻先に、ぬっ、と顔があらわれた。

「なにじでんだあ」

生の鶏肉を思わせる、〈ずる剥《む》けの顔〉だった。

気がつくと朝になっていた。

失神する彼を発見したのは、その樹木がある一帯を管理する住職だった。

「要するに、僕が待機していたのは墓地の一角だったんです」

それ以来、待機場所は厳選するようになった、との話である。

行き止まりの店

斎藤さんが、出張先で経験したことである。

仕事を終え、賑やかな飲み屋街をぶらぶらと歩いてホテルに向かっていた途中、細い路地に目が行った。

路地の入口にカラーコーンがみっしりと置かれ、その全てに【この先、立ち入り禁止】と注意書きが貼ってある。

路地の奥、二十メートルほど先には、美しい女性がいた。

見るからにホステスである。

女性は長い髪をかき上げながら艶やかに微笑み、斎藤さんを手招いた。

斎藤さんは迷うことなく、カラーコーンを跨いで路地に入ろうとした。

その途端、大柄なオカマに引き戻された。

オカマは、甲高《かんだか》い声で斎藤さんに言った。

「ここは行き止まりなのよ。よく御覧なさい、店なんかないから。髪の長い女もいない」

何を言ってるんだ、こいつは。ぶつぶつ文句を言いながら、斎藤さんは路地を見た。

カラーコーンの五メートル先に壁がある。

さっきの道も女も消えていた。

「時々、止めるのが間に合わなくて、壁の向こう側に消える人もいるのよ」

そう教えてくれたオカマの店で、斎藤さんは楽しい時間を過ごしたという。

帰りがけに、さっきの路地の前を通るとまた道ができていた。

慌てて逃げ出したそうだ。

落書き

週末の夜になると田口さんの家では奇妙なことが起きる。

リビングの白い壁に太く黒い線がぐちゃぐちゃと描き殴られていくのだ。それはまるで見えない誰かが怒りに任せてマジックペンを走らせるかのようである。

その乱暴な落書きは数分から数時間で自然に消える。

田口さんにはそれに見覚えがあった。

一年ほど前に離婚した際、夫に引き取られていった幼い息子の落書き。

ある時、息子は壁にマジックで落書きをした。田口さんは息子を叱りつけ、壁紙を張り替えた。どれだけ家を綺麗にしても小さな子供がいたら無駄だなと毒づきながら。

だが、今は違う。週末になると壁を見つめて、黒い線が現れるのを待つ日々だ。そして線が描かれるのをじっと眺める。

もっと線を伸ばして。好きなだけ描いていいのよ。壁が真っ黒になるくらいに。

そうして懐かしさと愛しさと悲しみに咽《むせ》びながら、息子にただただ謝罪する。

ノストラダムス

かつて「ノストラダムスの大予言」が大流行したことがあった。一九九九年七の月に恐怖の大王が降ってきて地球が滅びるという陳腐な内容だったが、本当に怖がる者もいた。

Uさんは——怖がっていたのかどうかはわからないが——予言を信じきっていた。

「もうすぐ世界は終わるので真面目に働いても仕方がない。残りの月日を楽しもう」

その年にはいると仕事を辞め、貯金をすべて引きだして遊んで暮らした。なぜそんなに目茶苦茶ができる、もし予言が外れたらどうするんだ。そうUさんに尋ねた友人がいた。

Uさんは「外れないよ。必ず当たるから」とヘラヘラ笑って答えた。聞けば彼は、ある易者に「九十九年の七月に、いったいなにがおこるのか」と占ってもらったという。

「降ってくるってさ、恐怖の大王。そんときは生き残れないから仕方ないってよお」

だからお前も楽しめっつーの、と彼は浴びるように酒を呑んでいたそうだ。

その後、Uさんは工事現場のうえから落ちてきた鉄骨に当たり即死した。

一九九九年七の月のことだった。

エレベーター

会社員のEさんの話である。

三年前の初秋のある日、取引先が入るビルの、二基あるエレベーターの右側で待っていると、自分のほうの箱が早いだろうと思ったら、予想に反し、左側が「チンッ」と音を鳴らした。ドアが開くと同時に、五歳ほどの男児が飛び出し、エントランスに向かって走っていく。

「待って、危ないわよッ」

男児の後ろから母親と思しき女性が、そういいながら追いかけていった。

ほどなくEさんのほうのエレベーターも降りてきて、ドアが開いた。すると、また五歳ほどの男の子が勢いよく飛び出してきて、その背後から母親らしき女性が「待って、危ないわよッ」と、追うように外へ出ていった。

二組の母子は、どう見ても同一人物であったという。

祠

団地の隅にあった古い祠を無理矢理撤去した翌朝、十棟ある団地の壁すべてに、〈呪〉としか読めない赤い染みができたことを知る年寄りはもう少なくなったと、会長さんが溜息を吐く。

舐め相撲

会社役員の智男《ともお》さんは小さい頃、五つ上の兄が友人たちと庭で相撲をとっているのをよく部屋から眺めていた。

今は勝負にならないので見ているだけだが、いつか自分も大きくなって一緒に相撲を取りたい。そう思っていたけれど、やがて兄たちは庭では遊ばず、どこか遠くへ出かけてしまうようになった。

一人でつまらない智男さんは、時々庭で相撲の真似事をした。

ある日のこと、棒で丸く引いた土俵の中でしこを踏んでいると、いつのまにか知らない子供が庭に入り込んでいた。

目の大きな男児で、智男さんより少し年下のようだ。

興味深そうに見ているので、相撲を取ろうと誘ってみた。

すると男児はいきなり組み付いてきて、智男さんを軽く投げ飛ばしてしまった。

地面に頭を打ちつけたのか、痛いというより意識がぼーっとしてしばらく寝たまま動けなかったという。

すると男児の顔が近づいてきて、智男さんの頬をぺろぺろと舐め始めた。

くすぐったいわ気持ち悪いわで、智男さんは身をよじって逃げた。

だが男児は四つん這いで追いかけてきて、なおも智男さんの顔を舐めようとする。

逃げると舌が蛇のようにのびて智男さんの襟《えり》の中まで入り込んだ。


悲鳴を聞いて母親が駆けつけると、血まみれになった智男さんが地面を転げまわっていたので気絶しそうになったという。

すぐに救急車を呼んだが、搬送された病院で調べてもどこにも怪我はなく、血を吐いたような形跡もない。

ならば誰か他人の血ではないかとされ、智男さんの証言から「庭に入ってきて相撲を取った男児」が相当の怪我をしたのだろうという話になった。

だが母親が近所に聞いて回っても、そんな子供を見たことのある人はいなかった。

庭の地面には緑青の吹いた古銭が散らばっていたので、その子が落としていったのではないかと両親は話していたらしい。

銅銭は紐に通して軒下に吊るしておいたら、いつのまにかなくなっていたそうである。

キックオフ

イベントの企画・運営の会社に勤めている青柳《あおやぎ》氏が今年、体験した話である。

六年前、縁あって九州地方のGという町で大きなイベントをすることになった。

まずは顔合わせを、ということでローカル番組の制作をしている会社とタウン誌を作っている会社、そして青柳氏の会社の三社で、スカイプを使ったキックオフ・ミーティングをした。

青柳氏は番組制作会社の会議室の奥の壁に札のような物が貼ってあることに気づき、それはなんですかと訊ねた。


「ああ、これですか。この部屋、出るんですよ、[redacted]が」

「？　すいません、ちょっと音が……幽霊が出るんですか？」

「そうですそうです、この部屋で何人か見てるんですよ、[redacted]」

なぜか〝幽霊〟のところだけ、アヒルのような声になって聞き取りづらくなる。

幽霊が怒っているんじゃないですかとタウン誌の会社の人が笑いながら言うと、スカイプの通信が突然断たれてしまい、その日はもう繋ぐことができなかった。

この日、青柳氏の会社の社員が帰宅途中でバイクの単独事故を起こし、右足を骨折した。

同日、タウン誌の会社の社員も右足切断の大事故に遭った。

そしてなぜか、番組制作会社からの強い申し出でイベントは中止となった。

挨拶

帰り道、角を曲がりしなに幼稚園児の列と出会う。

「こんにちはあ」「こんにちはあ」

黄色い帽子の園児たちが、ひとりずつ挨拶しながら脇をとおりすぎていく。

「しつけの行き届いた幼稚園だな」

感心しながら見送り、すっかりと姿がなくなったところで気がついた。

いまは夜中の二時近くである。

訪問

深夜に幼稚園児の行列と遭遇した……朝、同僚が青ざめながらそんな話を告白してきた。

「飲みすぎなんだよ、こないだも電柱にお辞儀してただろ」

真剣な顔で訴える彼を笑って、自分の机に戻る。


その日は残業だった。

独りオフィスで書類と格闘していると、午前一時近くに自宅から電話が入った。

「あのね、家のまわりを何人もの子供がうろうろしてるの。窓から子供用の黄色い帽子が、幾つも見えるの、あっ」

電話はそれきり切れた。

翌朝自宅へ戻ると、妻が玄関に倒れていた。揺り起こしたがなにも憶えていないと言い、その日を境に様子がおかしくなった。

当の同僚はまもなく辞めてしまったので、いまではもうなにもわからない。

妻はいまもときおり玄関で昏倒する。

起こすと、きまって顔にちいさな無数の引っ掻き傷がついている。

かがみ

Mさんがショッピングモールの化粧室でメイクを直していた時のこと。

女の子が一人、とたたっ、と横にやってきて「かがみ！　かがみ！」と言う。

「最初は『可愛い』っていわれているのかと思ったから『ありがと』って」

女の子はそんなMさんに向かい「かがみ！」と繰り返す。

「え？　かがみ？」

鏡に向き直ると、そこに女の子は映っておらず、Mさん一人。

ぎょっとして横を見たが、女の子は消えていたという。

黒いネックレス

三ヵ月前、牧田さんは高級ブランドのペンダントを拾った。今月に入り、警察から連絡が入った。落とし主が現れなかったため、所有権は牧田さんにあるというのだ。

翌日、友人から食事に誘われた牧田さんは、貰い受けたばかりのペンダントを着けて行った。食事が終わり、記念に写真を撮ろうということになった。

「上手く撮れたかな……なにこれ？」

画像を確認した友人は、嫌悪を露《あら》わにしてスマートフォンをテーブルに置いた。

写真の中の牧田さんは、首から上が写っていなかった。

念のため、何枚か撮影したがいずれも同じく首から上が写らない。

気分が悪くなった牧田さんは、早々に帰宅した。

処分するか売り飛ばすのが一番だが、あまりにも勿体なくてそれができない。

牧田さんは今でもそのペンダントを愛用している。

ただし、着けた日に写真は撮らないようにしているそうだ。

お父さんの話

佐枝子《さえこ》さんは小さい頃から体が弱く、病気ばかりしていた。小学校の六年間だけで四度も入院したほどだ。

彼女が大学生になってしばらく経ったある夜のこと。家族で世間話をしていると、突然お父さんが佐枝子さんにこんなことを言った。

「小さい頃からお前ばっかり病気になって可哀そうだ。今度は俺が代わりに胃がんになってやるからな」

それは話の流れとは全く無関係の、何の脈絡もない一言だった。

その一年後、お父さんは胃がんと診断され、それから一年と経たずして亡くなった。

胃がんが発覚した後、お父さんにあの時の言葉の意味について尋ねたが、何も覚えてはいなかったという。

お父さんの死後、佐枝子さんが病気をしなくなったのは偶然だろうか。

好き

自意識過剰と密かに言われているAさんがある夜、帰宅途中に線路から落ちて足を骨折した。なにがあったのか尋ねると「ゆうれいに押されて落ちた」と答えた。

うしろから急に「彷徨《さまよ》っている不浄な霊」がAさんを押したのだという。

「自分じゃなきゃ絶対に助かっていない危なかったこれまでの体調不良もコンビニ弁当のせいじゃなくて霊による仕業だった可能性がありアイツらいっつもわたしのこと狙ってくるのはわたしが本来持っている能力が目覚める前に――」

怪我のせいか、いつもの何倍も変だったので電話を切った。

後日、Aさんが線路に落下するのを偶然みていた知人に逢ったときのこと。

「本当にゆうれいかもしれませんよ。Aさんを突き落としたの」

彼は真剣にそんなことをいってきた。彼女を押した手は透けていたというのだ。

「ハッキリと顔も見ました。ゆうれいといっても、ただのゆうれいじゃなく――」

Aさんとまったく同じ服装、同じ顔をしていた、というのだ。

その人物は、憎々しそうに線路に落ちたAさんを睨み、かき消えたという。

ぼいすひあら

向かいに学校があるせいで、子供の声をうるさく感じるようになった。

きゃはは、あははは、うふふ！

耳をつんざく高音がうっとうしく、わずらわしい。

やかましいのは元気な証拠と微笑《ほほえ》ましく思っていたこともあったのだが。

あっはは、でさぁ、やだぁ！

学校が今日もさんざめく。たわいない相槌やうかれた笑声、唐突な叫び声が繰り返し響いてきて、耳をふさがずにいられない。

ははははは、あーははははは、はははははぁ！

人っ子一人いない真っ暗な校庭から、今夜も子供たちの嬌声が響く。

現在、時刻は午前二時。

少子化のあおりで近隣校に統合されたその学校は、数年前に閉校した。校舎は既に取り壊され、跡地は廃材置き場となっている。

和装の客

都内のバーで飲んでいた学さんがふと気配を感じて振り返ると、和装の三十代くらいの女性が入ってきたところだった。

マスターが気づいてないようなので「タキさん、お客さんだよ」と声を掛けた。

だがマスターは顔を上げずにグラスを拭きながら黙って首を横に振った。

とまどう学さんがカウンターの他の客を窺《うかが》うと、みんな黙って自分のグラスを見つめたまま首を横に振っている。

いつのまにか出ていったのか、和装の女性はすでにいなくなっていた。

マスターも客もその女性に気づかなかったどころか、自分が首を振ったことも覚えていなかったそうだ。

パーツ

K君の家の近所には橋がかかっており、そのたもとには幽霊が立つという噂があった。

実際、彼も見た事があるという。

「橋の中央の方に向かって拝むように手を合わせてた、透けてたし幽霊だったと思う」

そんな橋の架け替え工事が行われたのは数年前。

工事のさなか、近くから複数人の人骨が出てきた。

「ずっと古いもので、事件性があるものではないってことだったけどね」

人柱だったのでは？　と噂が立った。

「もっと古い時代、何代か前の橋の工事の時にでも埋められたんじゃないかなんてさ」

掘り返された人骨がどうなったのかは知らないとK君。

「人柱でもなんでも、理由があって埋められたものでしょう？　ある意味そこにあるべきパーツの一つだったんじゃないかと思うんだ」

その後、幽霊の噂は聞かなくなったが、新しい橋では事故が多発しているそうだ。

うそつき

子供の頃の話。

鍵っ子である寂しさを紛らわせようと、悪戯電話をしては出た相手に、

〈おれはしんだんだ〉

と低い声で云い、ガチャ切りしていた。

ある雨の夕暮れ、妙に返事のくぐもった相手が出た。

かまうものかと同じセリフを云って電話を切ると、

〈うそつきぃ〉

と後ろから肩をそっと掴まれた。

ピアノのある部屋

十五年前、野木《のぎ》さんは従弟《いとこ》と二人で叔母の家へ行った。

その家には立派なピアノがあるので、何度か弾かせてほしいと頼んだことがあるのだが、一度も弾かせてもらったことがない。

ピアノに憧れを抱いていた野木さんは、この日も一度でいいから弾かせてほしいと頼んでみたのだが、「絶対に触らないで」と怖い顔で釘を刺されたので、弾かせてもらうことは諦めた。

しかし、従弟は素直な野木さんと違ってヤンチャ坊主で、触ってはだめだといわれると触りたくなる性分だった。どうにかして叔母の隙を見てピアノに触ろうとしていた。


ピアノのある部屋の隣の部屋でアニメのビデオを見ていたら、気がつくと従弟の姿がない。そういえば、ずいぶん前にトイレに行くといったまま戻ってきていない。

ポーン、とピアノの音が聞こえた。

まさかと思って見に行くと、ピアノの部屋の中に従弟がいる。

叔母に見つかれば自分も怒られる。叔母に気づかれぬよう、身振り手振りで部屋を出ろと伝えるが従弟はうつろな目で自分を見つめてくるだけで動こうとしない。

無理やり引っ張り出そうと部屋に踏み込んだが、すぐに踏み出した足を引っ込めた。

ピアノのある部屋は真っ暗で、とてもイヤな感じがした。

従弟の表情もおかしかった。

目を真ん丸に開いて、口をタコのように窄《すぼ》め、尖らせている。

「おい」

今度は後ろから声をかけられる。振り向くと、たった今トイレから戻ってきた従弟がいた。

ピアノの部屋にいた変な顔をした従弟は消えていた。

その立場

Iさんの住んでいる家はリフォームされた古い日本家屋である。

同年代の女の子三人と一緒に生活している、いわゆるシェアハウスだ。

「リフォームと言っても最低限生活に困らないように直したってぐらいのもので、あっちこっちボロボロで……まぁそれは住む前から知っていましたし、その代わりに家賃は格安なんです」

気になる所があれば勝手に直していいというコンセプトにも魅かれたそうだが、かといって、素人の日曜大工で解決できる問題など大して無く、我慢も多いという。

「まぁでも、冬に寒いってことを除けば、それなりに納得できる物件ではあるんですよ、他の娘《こ》達との生活も楽しいし、一人暮らしよりも心強いですしね」

ただ一点、どうしても受け入れがたい部分もあるにはあるとのこと。

「私の部屋が異常にお線香臭くなる時があるんです。普段はそんなんじゃないのに……」

夜更かしをしていたり、他の同居人と騒いでいる時などに多いそうだ。

「そんな時は決まって家鳴りがするんですよ、これってお化け屋敷じゃないって、気付いた時には遅かったですね」

それ以外に今のところ実害はなく、妙な現象の原因を、某アニメ映画から参照した「くろすけ」というお化けの仕業だということにして凌《しの》いでいる。

「怖いと思うから怖いので、みんなで可愛い風に受け止めることにしようって頑張ってるんですけど……」

ある時、その家のオーナーに、それとなく線香の臭いの話をしてみた。

「気を悪くさせるのも嫌だったから黙ってたんです、でもそろそろ土地の生活にも慣れて来てた頃だったので、気安い感じでふってみたんですね」

するとオーナーは「ああ、あの部屋はもともと仏間だったからなぁ……」と言い「でももう、位牌やなんかは捨てちゃったし……」と言った。

「オーナーさんも移住者なので、あんまりその辺のことを考えたりはしてなかったみたいで『やっぱ供養しておくべきだったのかも』なんておどけてて……怒ってなければいいんですけどね、私がその立場だったら気分悪いし……」

彼女の言う「その立場」を察して、うなずくしかなかった。

顔

その日の夕方、小学五年生の鈴原《すずはら》君は、友達の宅間《たくま》君の家に初めて遊びに行った。

宅間君はお父さんと二人暮らしであり、お父さんの帰りはいつも遅い。だからこの時間は家の中で自由に遊んでも誰にも叱られないのだという。

一階のリビングでひとしきりテレビゲームをした後、二人は二階にある宅間君の部屋で、床に座って漫画を読み始めた。

しばらくして、何かが動いたような気がして鈴原君が宅間君の方を見ると、宅間君の背後にある部屋の入り口から中年の男が首を突き出してこちらを見ていた。

日に焼けた中年の男だ。

宅間君のお父さんが帰ってきたのかと思って挨拶をしようとすると、その顔は鋭い視線を鈴原君に向けた。顔を醜く歪めて、何かを叫ぶかのように口を大きく開けたり閉めたりする。

それがあまりに恐ろしかったので、鈴原君は思わず立ち上がってしまった。

「どうしたの？」

鈴原君を不思議そうに見上げて宅間君が言った。

「あれ誰？」

そう言って鈴原君がもう一度部屋の入り口に目をやったのと、男の顔が引っ込んだのはほぼ同時だった。

急いで部屋から出たが男の姿はどこにもなかった。いや、それどころか男が立っていたと思われるその場所は下に降りる階段になっており、人が立てるような場所ではなかった。

「そろそろ帰るよ」

気味が悪くなった鈴原君はそう言って玄関に向かった。宅間君も見送りに来てくれる。

靴を履き、扉に手を延ばす。その瞬間、外側から扉が開けられ、男が一人入ってきた。

「お父さん、お帰り」

宅間君が背後からそう声を掛ける。するとその男は「ただいま」と言ってにこやかに鈴原君に顔を向けた。

それは、表情こそ違うものの、正にさっきのあの顔だった。

はか　その3

机にあった紙製のちいさなアルバムを手にとる。

「それ、ゴミ置き場に捨てられていたんだ。多分むかいの家に住んでいた前の住人が捨てた物だと思うんだけど、みてみろよ」

友人が窓からみえる戸建ての家を指さしながらそういった。

一ページに二枚ずつ入る簡単なアルバムだ。

表紙をめくると一ページ目に同じ写真が二枚。盛りあがった土に板が立てられ「ジョンのはか」と書かれてある。

どうやら飼っていたペットを埋めて、その墓を撮った写真のようだった。

「可哀そうに。飼っていた犬が死んだんだろ」

「わかんないぜ。めくって次の写真みてみろよ」

次のページにも、また同じ墓の写真が二枚あった。

アングルは似ているが、立てられた板には「ミケのはか」と書かれてある。

子どもが書いたような字は同じだが、盛り土と周りの雑草の様子が若干違う。

横のページにも、同じような二枚の写真である。

今度は「バズのはか」と書いてあった。

なんだこれ？　とページを閉じて表紙をみると「はか　その3」とある。

「3ってことは1と2があったってことか？」

「知らねえよ。回収車がそれだけ持っていき忘れたんだろ。しかしさ、よくみるとその写真、撮った日が全部同じなんだぜ。キモいだろ」

もう一度、ジョンとミケとバズの写真をみると、なるほど同じ年の同じ日である。

さらにめくったページの二枚には「アプルのはか」。さらにめくると、「ドルーのはか」「ミューのはか」「モルのはか」「ジュゲムのはか」「ボルスのはか」「ママのはか」――。

引っ越してきたむかいの家の住人に、写真をみせるべきか友人は迷っているという。

手形

その日の朝、那覇市の松川《まつがわ》のとある住宅建設現場は、少し混乱した雰囲気になっていた。なぜなら工事中に庭部分から昔の墓跡が出てきたからだ。

墓の内部を調べて、もしジーシガーミ（骨壷）があるなら掘り出して、年代や持ち主などの手がかりとあるものを探してから、埋め戻して工事を復旧する作業をしなくてはいけない。その間、工期が遅れてしまうのは、いたしかたのないことだった。

工事の主任の大嶺《おおみね》さんは、深さ二メートル、幅五メートルくらいの墓の穴の縁に立ち、ボーっとタバコを吹かしながら作業を見ていた。

墓の内部では、何人かの作業員がスコップを使って手がかりとなるようなものを掘り出している。タバコが吸い終わると大嶺さんは、コーヒーでも買いに行こうと穴に背を向けた。

その時のことだった。

大嶺さんの目の前に人が立っていた。

首のない、昔の琉球のサムレー（侍）姿の人物が、仁王立ちになって、大嶺さんの進路を塞いでいた。と、首のないサムレーはいきなり肩を怒らせながら進んできて、突き出した手でボンと大嶺さんの身体を押した。

「うわっ！」

大嶺さんは足を滑らせて二メートルの穴の中へまっさかさまに落ちた。

気がつくと、頭から血を流して、穴の中に倒れていた。心配そうな同僚たちが大嶺さんを見下ろしている。その後、救急車で病院に運ばれ頭を数針縫われたが、幸い命に別状はなかった。ただ、なんとも解せないことが一つ残ってしまった。

大嶺さんの胸の部分に、人間の手形のようなものが、やけどのようにくっきりと残ってしまったのだ。その痕跡は一ヵ月以上、残っていた。

結局、発掘は行われたが、誰の墓なのかは今もって分からないという。

両面日那

深夜、ふと目を覚ますと左右両側に人が寝ている。

ここは夫婦の寝室で二人暮らしだ。一方は夫に決まっているが、もう片方は誰なのか。

泥棒！　と叫ぼうとして思い直した。幸か不幸か何者かは熟睡している。逆上されて危害を加えられては大変だから、夫を起こして対応してもらおう。

暗闇に目が慣れると、侵入者は夫とおそろいのパジャマを着ていた。ストライプ柄に包まれた体はそっくり双子のように似ていて、体型だけではどちらが夫か判別できなかった。

そうだ、顔。顔を見るのよ。

ゆっくり上半身だけ起こして、慎重に男どもを観察する。

妻から見て左側、背中を向けて寝ている人の顔は真っ黒だ。前も後ろもふさふさとした剛毛が生え、目鼻立ちも見てとれない。

ということは、右にいるのが夫。

ばけものよ、と小声で夫にすがりつく。大変、あなた、ねぇ起きて！

うーん、と夫は呑気に呻く。

お願い、起きて！　ばけものがいる！

肩を揺さぶる妻から遠ざかるように夫は寝返りを打った。後ろを向いた夫の後頭部に、また顔がある。長年見慣れた夫の顔が、前にも後ろにもついていた。

「ああっ、いやあああっ！」

マットレスから飛び降りると、ダブルベッドのスプリングが軋《きし》んで鳴った。

すると、頭部が毛むくじゃらの化け物と両面顔面の夫が同時に寝返りを打った。二人とも、勢いよくベッドの真ん中の空いたスペースに転がっていく。

あ、ぶつかる！

次の瞬間、二人はぬるりとフュージョンして一人になった。

先刻まで妻が寝ていたベッドの真ん中には、何の変哲もない夫が大の字になって寝ていた。

すぐさま夫を叩き起こし、目撃した物について熱弁をふるったのだが、寝ぼけたのだろうと笑われてしまった。

それから〈夫の身に何か良くないことが起きるのでは〉としばらく気にかけていたが、今のところは何もない。

寝ている夫が二人に増えたのは、結婚してからその夜一度きりだという。

花火大会

憲司《けんじ》さんは恋人と花火を見にいく約束をしていた。

待ち合わせの駅前に着くと、白装束の老人ばかりの団体が改札を入っていくところだった。みんな自動改札に切符を入れている様子がないので不思議に思い、じっと見ていたら肩を叩かれた。

何を見てるの？　と恋人に訊かれ憲司さんは改札を指さして「あのお年寄りたち……」と言いかけて口をつぐむ。改札の外に列ができていたはずの老人が一人もいなくなっていた。

適当に話をごまかして電車に乗ると、花火大会のある川の近くの駅で降りた。

河川敷には人があふれていた。

やがて花火が次々打ち上げられ、夜空にひろがる大輪の花に見とれていると、ふと周りを白装束の老人たちに囲まれているのに気づいた。

しかも老人たちは誰も花火を見ておらず、憲司さんの恋人の顔を不躾《ぶしつけ》にじろじろと覗きこんでいる。

思わず肩を抱き寄せると、恋人は腕の中で激しく咳き込んだ。

その声に違和感をおぼえて顔を見たところ、白装束のしわだらけの老婆が咳き込みながら憲司さんを憎々しげに睨みつけてきた。

はっとして突き飛ばすと老婆の姿は消え、白装束の集団も消えてしまった。

動揺しつつ恋人と連絡を取ろうとして携帯を取り出した憲司さんは、留守電が入っていることに気づいた。

急な仕事が入っていけなくなっちゃったご免なさい、という恋人の声が携帯から聞こえてくる。

花火は上がり続けていたが、憲司さんはもう何も目に入らず聞こえない状態になって、人込みを無理やり抜けて駅に向かった。

右腕

Eさんの曾祖父《そうそふ》は若かりし頃、広島の呉にある造船所で働いていたが、ある日の作業中に右腕を肘《ひじ》から切断してしまった。

命に別状はなかったが、曾祖父は切断された右腕を自宅に持ち帰り、大きなガラス瓶に入れてホルマリン漬けにした。それを床の間に飾り、気味悪がる客の反応を見て愉しんでいたが、深夜になるとひとりでにゆらゆらと漂い、生きているかのように指が動くことがあったそうだ。

必ず妻との営みの最中《さなか》だったという。

再生

エリさんは寝ながら鼻歌をうたっていたことがある。それがあまりにも不気味なメロディだったので自分でぞっとして目が覚めてしまった。

だが思い出しながらもう一度ハミングしてみると全然不気味ではなく、むしろ明るく朗らかな曲調だったので変だなと思いつつエリさんは寝直す。

翌日、テレビやラジオからはそのメロディが一日中くりかえし流れ続けた。

未明に亡くなったベテラン歌手の、往年のヒット曲なのだと彼女は知った。

蝶のけむり

Yさんは当時中学生だったという。

彼女の父親は喫煙者で、皆揃ったリビングでも平気でタバコを吸う人だった。

文字通り家族に煙たがられていたが、不満を言われると、悪びれもせず口からポポッと輪になる煙を吐いて、誤魔化《ごまか》すように笑った。

ある日、いつものように家族の前でポポッと吐かれた煙は、輪にはならず、何故か完全な蝶の形になって、ぱたぱたとはためいて消えた。

驚きの声をあげる家族の前で父親は「こりゃ寿命縮まったな」などと陽気におどけたが、果たして次の日、事故で急逝した。

岡崎先生

岡崎先生が亡くなった。その訃報が届いたのは二十年前の小学生の時、朝の会だった。理科の先生だったが、小浜《こはま》さんはこの人の授業を受けたことがない。校内で何度か顔を見たことはあったが、亡くなってから初めて名前を知った。だから、小浜さんとは何の関係もなかったと言っていい。

そんな岡崎先生がしばらく寝室に立つ時期があった。

小浜さんの股間のあたりを指さし、何かを訴えているのだが、声は一切聞こえなかった。

まったく心当たりがないという。

ブラウニー

原さんの自宅に白昼堂々、見知らぬ子供が入り込んでいたという。

「小学校低学年くらいの子。上下とも茶色い服で、よく日焼けした子だった」

買い溜めしていた菓子を、その子は汚らしく食べ散らかしていた。

「あらっ、どこの子⁉」

咎められた子供は素早く窓から逃げてしまった。

それからというもの、子供はたびたび家に侵入してくるようになった。

子供は原さんの姿を見るなり逃げてしまうので、事情を尋ねるどころか、会話一つできなかった。児童相談所かどこかへ連絡すべきか、原さんは悩んでいた。

そんな折、同じ市内に住む妹から連絡があった。軽い手術で入院するので一週間ほど原さんに飼い犬を預かってほしいと言う。

「ペットホテルは値段が高いと言うし、私も犬は嫌いじゃないから引き受けてみたの」

妹の犬は大型犬だったがよく躾けられていて、「ハウス」など不慣れな原さんのコマンドにも従ってくれた。

犬を預かった翌朝、原さんはバタバタと何かが暴れる物音で眠りを破られた。

ケージから犬が出ている！　リビングに駆け込むと、上下茶色のニットを着た子供が犬に咬み伏せられていた。虚ろな目を見開いたまま、驚いたような顔をして子供はこと切れている。大型犬の牙で裂かれた首はちぎれかけ、血だまりが床に広がっていた。

妹から預かった犬が、よその子を咬み殺してしまった。もう取り返しがつかない。子供にも、妹にも申し訳ない。私の人生も終わりだ。

へなへな床にへたり込むと、死んだ子供の姿が靄《もや》に包まれたように滲《にじ》んで見えた。涙のせいかと目をしばたくと、そこに子供の死体はなかった。

「サルだった」

リビングの床には一匹の猿が息絶えていた。

「また人間になったらと思うと、誰かに手伝ってもらうわけにもいかなくて……」

原さんは猿の死体を新聞紙で包み、こっそりと庭の隅に埋めた。

退院した妹に犬を返してずいぶん経つが、以来、茶色い子供は現れていない。

拒否する仏壇

その日、井上さんは仏壇の掃除に取り掛かろうとしていた。
井上さんの母が存命中に買い求めた仏壇である。
小さいが、かなり手の込んだ飾りが施されており、なかなか高級な代物のようだ。
母はこの仏壇を終の棲家と称して大切に扱い、家族にも触らせなかった。
体調を崩して入院した時の言葉も、今際の言葉も同じであった。
「仏壇には絶対に触るな」
とはいえ、掃除もせずに放置しておくことはできない。
とりあえず、仏壇の扉を開ける。途端に獣のような臭いが溢《あふ》れ出す。
中にはみっしりと母の顔が詰まっていた。
母はじろりと井上さんを睨みつけ、「触るな」と叱りつけて消えた。
今現在、仏壇は埃《ほこり》まみれのまま放置されている。
週に一、二度、獣の臭いが漏れることがある。そんな時は、薄らと扉が開いている。
見ている前で、静かに閉じるそうだ。触られたくない理由は、想像もつかないという。

ささやき

夜、この原稿を書いていると、右手側にある窓の外からささやき声が聞こえてくる。外は結構な降りの雨である。そんな場所に人がいるはずもない。

しかし、確かにささやき声がする。男の声だ。声の調子や大きさ、距離感から、私に話しかけているとしか思えない。だがその声が何と言っているのかは全く聞き取れない。

雨が更に激しくなり、やがて声は聞こえなくなった。

手紙

「コレ、どう思う?」と手紙をみせられた。

オマエを呪い殺す。オマエが妻を呪い殺したように呪い殺す。オマエが死ぬまで呪って呪って呪ってやるから覚悟しろ。オマエの住所は新宿区大京町○○-○だ。逃がさない。

「悪戯《いたずら》だろ、どこで拾ったんだよ」「家族で横浜にある大きな公園に遊びにいったとき、落ちてたのを拾った」「持ってくるなよ、こんなの。なにが気になるんだよ」「オレの住所なんだ」「へ?」「いや、だから、ここに書いている住所、オレの家の住所なんだよね」

見当もつかないけど最近、妙に体調悪いし……と、彼はため息を吐いた。

気づいたきっかけ

Ｅ氏の家の庭の話。

「何でか急に水はけが悪くなってね」

雨の日など足元を取られたりするため、砂利をひくことにした。

「そしたら夜中に砂利が鳴るんだ、誰か人が歩いているみたいに」

確認してみるも、誰も居ない。

「だからセンサーライトを付けたんだ、イタズラだったら効果あると思って」

砂利音が聞こえると、ライトが庭を照らす。

「でも、やっぱり誰もいないんだ」

音も光も煩《うるさ》いので、結局砂利もライトも撤去し、元に戻した。

「でもなんか気配はするんだよ、なんなんだろう、これまでもずっとそうだったのかなぁ、気づかなかっただけで」

今のところ、家に入って来る様子はないとのこと。

忘れ物

那覇市の西側にある某小学校の体育館には、いろいろと忘れ物が多い。

警備員の仲村渠《なかんだかり》さんは、夜中、静寂に包まれた小学校を何度か点検のために回っている。

そのたびに、生徒の忘れ物を発見するそうである。

多くは筆箱やノート、教科書のたぐい、また持ってきてはいけないゲーム機や携帯、あるいは上着や帽子、体育着などもあるそうである。中にはランドセルを体育館の入り口に忘れていく子どもたちもいた。

だがそんなものは、まだましなのである。

一体誰に返していいのか分からない忘れ物が、あるのだという。


ある夜、仲村渠さんがいつものように体育館を夜回りしていたときのこと。

だだっぴろい、静寂に包まれた場所。電気はアーク灯のせいですぐには明るくならない。

だから懐中電灯で侵入者がいないかどうか確かめ、耳を澄ます。

ふと懐中電灯で照らすと、体育館の真ん中に、紅白帽が一つ、落ちていた。

それを拾おうと、靴を脱いで取りに向かう。

その時、途中で顔を上げた。音がする。

子どもたちの声。今にもそこでクラブ活動をしているかのような、楽しげで生々しい声。それが漆黒の天井からこだまして、耳に聞こえてくる。それに混じって、妙な声も聞こえてくる。

助けて。助けて。痛いよ。

熱いよ。助けて。

仲村渠さんはそれらを頭から振り払うように耳を塞ぎ、紅白帽を取ってから、そそくさと体育館を出た。

「声がね。あそこにはなぜか残っているんですよ。つい最近のものから、おそらく沖縄戦のときのものまで。あの忘れ物は、一体誰に返したらいいんでしょうね」

仲村渠さんは、今夜も夜中の体育館を回りながら、答えの出ない質問を延々と心の中で繰り返している。

習慣

エレベーターに乗り込んで正面の鏡を見ると、髪が一束だけ頭の天辺から起き上がっていた。

朝なでつけておいたのに、しつこい寝癖だ。幸い、エレベーター内には自分一人。誰に遠慮することもない、会社に着くまでにささっと髪を直してしまおう。

目的階のボタンを押して奥に向き直ると、あるはずの鏡がそこにない。

よく見れば室内は一面プラスチックの保護材で覆われており、〈○月○日から×日まで改装工事を行います〉と張り紙がしてあった。

○月○日というのは、今日の日付である。工具などを運び入れる際、傷がつかぬようエレベーターの内部を養生しているのだろう。

鏡のような割れ物は当然、保護材によって覆い隠してある。では、どうして乗り込む際、エレベーターの鏡にいつものように自分の姿が映ったのだろうか。

いぶかしみながら髪に手を触れると、頭頂部から髪が一房ぴょこんと飛び出している。

それは先刻、あるはずのない鏡で見たのと同じ場所からだった。

粋な女

二十年ほど前、Uさんは池袋のサンシャイン通りでよくナンパをしていたという。

ある夏の日、ストローハットを斜めかぶりにした若い女が、駅のほうに向かって歩いてくるのを見かけた。いい女風なので、すかさず近づき声を掛けた。すると、眼も合わせずに女が、

「あんたさ、生霊に取り囲まれてるよ。それも何人も。気をつけたほうがいいかもね。そんなことばかりしてたら、そのうち刺されるよ」

後日、友人にその出来事を話すと、ナンパから逃げる口実だったんじゃねえの、といわれた。もしそうだとすれば上手く逃げられちまったな、とUさんは思った。

しかし、一時期は八割を誇っていたナンパの成功率が、たしかにその頃は一割にも満たなかったという。

住宅地の階段

　昔仕事で初めて来た住宅地を歩いてたら階段があったんですよ。バス通りに出たくて、こっちが近道かなと思って下りていったら人ん家《ち》の裏庭に出ちゃいました。

　まずいなと思って引き返そうとしたら、頭に包丁のようなものが突き刺さってるお坊さんが階段の上から睨みつけてたんです。

　思わず悲鳴上げたら家の主婦らしい人が出てきて。何も訊かずに玄関の門から外に出してくれました。

　だけどお礼を言いながらその人に、

「お坊さんが……」

　って言いかけたら、口に指をあてて「しーっ」てされました。

朝の人魂

Rさんは、空気の入れ替えのため自室の窓を開けた。

清々しい初夏の朝、目覚めてのひと時。

ふと目をやると、隣の家の屋根の上を何かがひらひら飛んでいる。

「蝶って、ずいぶん高い所も飛ぶんだなぁ、と」

煙草に火を点け、煙を吐き出しながらしばらくそれを見ていたが、どうもおかしい。

「小さくて白くて、ヒラヒラしていたから蝶々かと思ってたんだけど違った。尻尾のついた、何か丸いのだった、屋根に何度もぶつかって弾き返されるのを繰り返してた」

隣家に救急車が到着したのは、それから数十分後のことだった。

蟹に似ていない石

市木《いちき》さんの父親が家の近くの浜からラグビーボールほどもある石を拾って帰ってきたことがあった。

「蟹《かに》に似てるだろ」と言って自慢げに見せてくるのだが、どう見ても蟹には見えない。それどころか、特に珍しい色や形をしているわけでもなく、なんともつまらない石なのである。

こんな石をなんのために拾ってきたのかと訊ねると、「日の当たらないところに隠すんだ」とか「子供の頃はよく拾ったもんだ」というようなことしか言わないので、まるで要領を得ない。石は庭にでも置かれるのかと思っていたが、なぜか置き場所は風呂場の隅になった。

その数日後、父親が脳梗塞《のうこうそく》で倒れた。大事には至らなかったが、入院中、しきりに「あの石を拾ったせいだ」「あの石を捨てなければ」と妙なことを口走りだした。捨てに行こうかと市木さんが言うと、自分で捨てに行かなければ意味がないと言う。そう話す時の目つきも妙なので、てっきり後遺症だと思ったそうだ。

ある晩、市木さんが風呂場で洗髪している時だった。ふと例の石が目に入り、ぎょっとして洗う手を止めた。

石の下に黒い水溜りがある。

よく見ると水溜りではなく、大量の黒い髪の毛だった。

すぐに家族を呼んだが、少し目を離した隙に髪の毛はなくなっていた。

なぜか、あれが父親の髪の毛だと感じた市木さんは、その身をとても心配した。あれが髪の毛なら、石は首だったのではないかと考えてしまったからだ。

一ヵ月後、無事に退院した父親は、その日のうちに〝蟹に似ている石〟を捨ててしまい、まるで役目を終えたかのように安心した顔を見せ、その週に急死した。

管理

デートで猫カフェに行く。可愛い猫たちと戯《たわむ》れ、満足して帰宅するなり、母が「あんた、どこに行ってたのよ」といぶかしげに言う。深夜の帰宅を詰問されているのかと思ったが、いまはまだ夜の七時で、責められるような時刻ではない。

それでもなんだか詳細を語ると怒られそうな気がして口ごもっていると、母は「あんた、背中にべっとり動物が貼りついてるよ」と言う。

「なに、その曖昧《あいまい》さ。動物ったって、犬とか猫とか猿とか色々いるじゃん」口答えすると、母は「わかんないのよ、使い古しのモップか、浜に打ちあげられた藻屑みたいなんだもの」と言った。怖くなり「猫カフェに行った」と告白した途端、母は顔をしかめて「そこ、ろくな管理をしてないいんじゃない。何匹死んだものやら」と肩を震わせて、台所に戻っていった。

坂の上の人

その日、尾形《おがた》さんは犬の散歩に出た。何となく、いつもとは違う道を選んだという。

住宅街を離れ、夕暮れ時の道を進む。行き交う人はいない。

しばらく行くと坂道になった。坂の上に大きな杉の木がある。

あそこまで行って戻ろうとしたが、犬が歩こうとしない。

しきりに坂の上に向かって唸り声をあげている。それでも構わず坂を上り始めると、犬は尻尾を下げ震えだした。また坂の上を見ている。というか、杉の木を見ている。

その時、尾形さんも気づいた。枝に何かぶら下がっている。

夕陽のせいでシルエットしか分からないが、どうやら人のようだ。

尚も見ていると、ぶら下がった人の影がするすると坂道を下ってきた。

何か厭なものを感じた尾形さんは飛び退いたのだが、怯えていた犬は動くことができないまま、影に巻きつかれてギャンと一声鳴いた。

その途端、影も人も消えた。気がつくと犬は石像のように固くなって死んでいたという。

陰口

工場勤めである。その日の夜勤は定時の午前三時で終わった。

煙草を吸いに喫煙所に群がる同僚を尻目に、一人更衣室へ向かう。

更衣室は真っ暗である。壁のスイッチを押すと薄暗い照明が三列に並んだ古びたロッカーを照らし出す。両側の壁に一列ずつと、その間の空間を二分する形でもう一列。

入り口近くにある自分のロッカーを開けて帰り支度を始める。すると、部屋の奥から人の話し声が聞こえてきた。三人程の男が「あいつは駄目だ」とか「あいつは役に立たない」などと、誰かの悪口を言い合っているようだ。姿は見えない。ロッカーを隔てた向こう側にいるのだろう。この部屋の電気は時間が経つと自動的に消えるので、お喋りに夢中になって、暗い中で話し続けていたに違いない。そう思った。

帰る準備が出来たので、出口のある、部屋の奥へと歩き出す。声が近くなる。

出口の扉を開けようと、ロッカーの反対側に回り込んだ瞬間に声は止んだ。

そこには誰もいなかった。

条件

友人の家に泊まるには条件があった。

インターホンが鳴っても気にしない。ノックされても反応しない。明るくなるまでトイレも我慢して布団のなかにいる。声をかけられても、なにかをみても一切無視をする。

すべて守ったはずなのに——あれからずっと体重が落ち続け、ついに三十キロをきった。

鏡には骸骨《がいこつ》のようになった自分が映っている。

あの夜、布団を覗きこんできた顔にそっくりだ。

蛸がのたうつ

海からかなり離れた北中城村《きたなかぐすくそん》の住宅街でのこと。

その夜、台風の影響で大雨が降り、雷も轟音を上げ、竜巻警報も発令していた。山田さんは会社帰り、合羽を着てバイクを運転していた。

家の付近に差し掛かったとき、山田さんは住宅地の道路の真ん中で、のたうっている奇妙なものを発見した。思わずバイクを停車させて、そのものに魅入ってしまった。

大きさ一メートル以上ある蛸《たこ》が、道路の水溜りの中でのたうっている。

「嘘だろー」

思わず、そんな言葉が口から漏れた。

バイクを道路わきに停車し、近寄ると、やはりそれは蛸であった。蛸は激しい雨に打たれながら、側溝のどぶの中にするりと消えた。

誰かがきっとペットとして飼っていたものが逃亡したのだろう。そう思いながら、山田さんは再びバイクに乗った。

二十メートルほどバイクで走って、角を曲がったときのこと。

目の前に、一人のおじさんが現れた。年のころ六十歳くらいで傘もさしていない。だが驚いたのはその容姿ではなく、頭と肩に乗っかっているものだった。

二匹の蛸が、そこにしがみついていた。

「すいません。蛸の飼い主さんですよね」思わず山田さんはバイクを止めて声をかけた。「その角を曲がったところの側溝に、一匹逃げていきましたよ」

おじさんは、「ありがとう」とかすれた声で礼を言い、早足で角を曲がっていった。

なぜか気になった山田さんは、バイクをUターンさせた。

と、そこには誰もいなかった。つい五秒ほど前に、おじさんがそこを曲がったはずなのに、住宅地の道路には誰もいなかった。

側溝がある場所の横の林の中に、祠があった。ウタキ（沖縄の聖域）だった。

それは、龍宮神、と読めた。

あれは一体何だったのだろうと、山田さんはその場所を通るたびに考えている。

三人きょうだい

当時、交際中だった彼氏の実家に玲《れい》さんが初めて泊まった夜のこと。

義理の両親の手前、玲さんは彼氏と離れて客間で一人眠ることになった。義母の敷いてくれた布団に横になってみるが、枕の高さも家の匂いも違うし、緊張して寝付けない。

やっと眠りかけた頃、ぱたぱたと足音がして目を開くと、アイビースタイルの少年が枕元に立っていた。利発そうな子で、じっと彼女を見つめてくる。

この家にこんな小さな子がいるなんて聞いていない、いったい誰なのだろうと寝ぼけ頭で考えていると、少年は踵《きびす》を返して閉まった硝子戸を通り抜けていった。

「生きた人じゃなかったけどすごく可愛かったから、不思議と怖くなかったなぁ」


挙式後、玲さんは夫の実家で義理の両親と同居を始めた。

新婚旅行から帰った夜、玲さんは足音で目を覚ました。夫婦の寝室で玲さんに駆け寄ってきたのは、少年ではなく幼女。あどけない表情をした、整った顔立ちの女の子だった。〈前に客間に出た男の子の妹だ〉と玲さんは直感した。

某ブランドのワンピースを着たその子は、にっこりほほ笑むと消えてしまった。

その後、玲さんは一男一女に恵まれた。

家族旅行の日、澄まし顔でカメラフレームに収まる子供たち。おめかしした二人は、お兄ちゃんがアイビースタイル、妹は某人気ブランドのワンピース。意図して選んだわけでもないのに、偶然、過去に見た幻影とそっくり同じ服装をしていた。

私が見たのは予知だった。この子たちが産まれる幸福な未来を幻視していたんだ。

幸せを噛みしめていた玲さんだったが、旅行の帰路、悲劇が起きた。一家の乗った車は高速道路で追突され、後部座席に座っていた子供たちは二人とも助からなかった。

「あれは予知じゃなかった。亡くなった二人が時を越えて、母親の私に会いに来てくれてたと思うんです」

現在、玲さんは第三子を妊娠中である。

夭折《ようせつ》した子供は二人目までが真夜中に現れたが、三人目はついぞ訪れていない。それは、今おなかにいるこの子が無事に成長してくれる証なのだと玲さんは信じている。

待ち合わせ

会社員のEさんは、二年前のクリスマス・イヴに渋谷のデパート前で恋人と待ち合わせをしていた。

街は喧騒に包まれ、いつも以上に活気づいている。

スクランブル交差点で信号待ちをしていると、センター街の入り口に青白く光り輝く若い女が立っていた。明らかに普通ではないのに、周囲の者たちはなぜか見向きもしていない。

信号が変わると同時に女は歩き出したが、三歩目から突然空中に浮かび、駅のほうへ向かって、弧を描くように飛び去っていった。

プロジェクションマッピングかなにかだと思ったという。

重なっていた

夏の暑い盛りに、中学生だったカンナさんはアパート前の低いブロック塀に腰かけてアイスを舐めていた。近所の顔見知りのおじさんが声を掛けてきたので会釈すると、そのおじさんのむこうに重なるようにもう一人誰かいるような気がしたという。

カンナさんが覗き込もうとすると「もう一人」はおじさんに隠れるようにずれて見えなくなる。カンナさんがあまりじろじろ見ているから、不思議そうな顔をして何度も振り返りながらおじさんは通り過ぎていった。

そこから四十メートルほど先の交差点で信号無視で突っ込んできた砂利《じゃり》運搬のダンプに轢かれて、おじさんは即死した。

記憶

太田さんが中学生の頃。夕食後のまったりとしている時間、小学生の弟が泣きながら彼の部屋に飛び込んできた。

どうしたんだと訊くと「宿題をしていたらコンポが笑った」という。リビングに置いてある父親ご自慢の大きなスピーカーのついたコンポのことだ。

ＣＤに笑い声が入ってたんだろと言うと、そうじゃないと首を振る。笑い声を聞いたのではなく、コンポが白い歯を見せて笑ったのだと言う。

何を見間違えたのか興味もあるので、怖がる弟を部屋に置いてリビングへ行ってみたが、問題のコンポを調べても顔に見えるようなものは見当たらない。宿題をしながらうとうとして、何かを見間違えたに違いない――そう弟に話した記憶があるという。

それから二十数年が経ち、実家へ帰った際、母親から物置部屋の中の物をほとんど処分したと聞いた。処分した物の中には例のコンポもあった。そういえばこんなことがあったなと弟に覚えているか訊いたところ、忘れるはずがない、と返ってきた。

ただ、弟の話は太田さんの記憶と違っていた。「コンポが笑っていた」と言っていたように記憶していたのだが、弟はコンポが笑ったのではなく、コンポの上にあった首が笑ったのだと言い張る。あの時もそう伝えたはずだと。

「凹の形に凹んだ部分に、ちょうど収まるように首が載ってたんだよ」

ふざけている様子もない。なにより、この後に言われたことが気になるという。

「怖くて言えなかったけど、あの時、俺が見た首って」

アニキのだったんだよな。

誤食

老人から聞いた話。

山でキノコ狩りをしていると、エノキタケの株を見つけた。

ぷっくりとした白いキノコで、その美味に定評がある。喜んでナップザックいっぱいに詰めて帰ると、妻が迎えに出てくるなりナップザックを取りあげた。

「仏壇のおりんが触れてもいないのに鳴り、驚いて指で押さえたがいっかな音が止まない。どうしたものかとオロオロしているうちピタリと止んで、ほぼ同時にお前さんが帰ってきた。これは山で何かしたに違いないと思ったのだ」と妻は言う。

どうにも信じられなかったが、無下にするのも躊躇《ためら》われ、試しにエノキタケをほんのすこし齧《かじ》ってみた。

すると、ひどく不味《まず》い。舌が痺れるような苦味で、とても食べられたものではない。

結局キノコはみな捨てた。後日、山に詳しい者に話したところ、「それはエノキタケによく似たニガクリタケだ。食ったら死ぬぞ」と諭された。

以来、妻は毎日、自分よりも先に仏壇へお膳をあげるようになったという。

来っぱなし

S家に続く長い私道には、時々、動物の蹄《ひずめ》らしき足跡と、細い車輪らしき轍《わだち》が残る。

「馬車とか、牛車とか？　そういうのが通った跡なんだ」

実際に、そんなものを見た覚えはないとS君は言う。

「それがまぁ、庭先まで続いているわけ」

蹄の向きから言って、家に向かって来ているようだが、帰った痕跡はないという。

更生を認めず

相原《あいはら》さんは若い頃、売れっ子のホステスだった。

その当時の知り合いに牧師がいた。名を木山《きやま》という。木山は、人柄の良さが見て取れる風貌と、相手を包み込むような声が印象的な初老の男性だった。

ホステスと牧師が知り合いになったのには理由がある。

木山は、毎晩のように歓楽街の片隅に立ち、水商売の女性の相談を受けていたのだ。

優しい顔でうなずいてくれるだけで、心が軽くなると評判であった。

幸いと言っては何だが、相原さんは日々の暮らしに満足しており、相談事を持ち掛けることなど無かった。木山に会っても、冗談を投げかけるぐらいだ。

ある日のこと、相原さんが勤める店に明奈《あきな》という子が入ってきた。

二十歳になったばかりの明奈は、天真爛漫を絵に描いたような子だったが、質の悪い男に食い物にされていた。その身の上話は、劇的なまでに不幸の連続であった。

こういう子こそ、木山さんに相談すべきと判断した相原さんは、馴染みの屋台に明奈を誘った。木山さんのことを説明すると、明奈は知っているけど怖いから嫌だと断った。

あんな優しい人のどこが怖いのと笑う相原さんに、明奈は泣きそうな顔で言った。

「人を殺してるから」

何故、そんな事を知っているのか問い質すと、明奈の代わりに屋台の主が口を挟んできた。なんと、本人から聞いた話だという。若い頃、ふとした過ちで交際相手の首を絞めてしまったらしい。罪を償って出所した後、人を救う道を選んだそうだ。

屋台を出て歩きながら、明奈は呟いた。

「あたし、見えちゃうんです。あの人の隣に殺された女の人が立ってる」

首を絞めたどころではない。顔も体も、言葉にできないほど酷い有様である。

特に顔。しつこく殴られたせいか、弾けそうなぐらい腫れ上がっている。

微かに開いた右目で睨みつけている。

そう説明し、明奈は道端で少し吐いたという。

タクシー乗り場に向かう途中、いつものように木山さんがいた。

蕩けるように優しい顔で、女の子の相談に乗っていた。

その一　ハンダンミー

並里《なみさと》オジイのサトウキビ畑には何か変なものが棲みついている。

畑の真ん中には、昔使っていた石組で積み上げた井戸があるが、その中には赤土色をしたハンダンミーという子どもの姿をした精霊が棲んでいた。

ハンダンミーは戦前からいて、どうやらこのまま井戸がある限り、ここにいつくつもりのようだった。

またハンダンミーの好物は、アメリカの甘すぎる真っ赤なキャンディだという。

並里オジイはこのキャンディが嫌いだった。食べると口の中が真っ赤になるし、虫歯が痛む。だが集落の共同売店でこれを売っていた頃は、毎日のようにこれを買って、井戸の横でサンジジャー（三時の休憩）をしながら、井戸の中に投げ込んだ。

「これはハンダンミーのクワッチー（ごちそう）であるさーね。いっぱい食べれ」

すると次の日、決まって井戸の縁に、数個の木の実が置いてあった。

それは人間には食べられないものであったが、並里オジイはそれでいいのだと思った。

その二　裸の子ども

ハンダンミーとは方言で半裸のことである。要するに、半裸状態の何か、がそこにいるのである。

並里オジイは十代のころ、良くハンダンミーを目撃した。

サトウキビ畑の中や、井戸の周辺、近隣の樹木などに、良くぶら下がっていた。

でも最近、数がめっきり減ったのだという。

「夜が少なくなったからですよ。あと隠れる場所もない。そして人の心がすさんだ。もうハンダンミーが生き残る余地はないんじゃないかねえ」

なぜか大人になってからは、ハンダンミーを見たことがない。

木の実だけが、ふと気づくと、並里オジイの行く場所に不自然に落ちているのだという。

その三　ハンダンミーが泣く

これは並里オジイの、そのまた曾《ひい》オジイから伝わる話である。

大東亜戦争のときに、沖縄からも沢山の人間が出征した。帰ってくるものは少なかった。

並里家でも、二人の若者が出征し、行方不明になった。

戦後、死体のないまま葬式をすると、この井戸が泣いたのである。夜通し、牛とも蛙ともカラスとも判断のつかない声が、もうもう、ぐあぐあと、泣き続けた。

そんな時、当時子どもだった曾オジイは、畑の隅に生えていたテンニンカの木の実を、ぱらぱらと井戸の中に落とした。

「泣いてくれてありがとう。ほら、クワッチーだよ」

すると、泣き声は止み、井戸は沈黙した。

次の日の朝、起きてみると、曾オジイの枕元に別の木の実がパラパラと置かれていた。

その四　すべては変わる

並里オジイは二十一世紀が始まる前に、還らぬ人となった。

つい最近のことだが、並里オジイのサトウキビ畑は別の者が買い取ってマンゴーの温室に建て替えられ、畑の中の井戸も壊された。

ある時、並里オジイの長男が、ＪＡの集まりで、マンゴーの温室の所有者と話をしたとき、こんなことを言われた。

「あの土地、良く肥えていて、実付きも良さそうなんだが、ヒーダマ（火の玉）が出るんだよね。そういう話、あんたのオジイの時代、何か言ってなかったかなあ？」

並里家の長男は、冗談半分でこんな話をした。

「ハンダンミーが寂しがってるんですよ。アメリカの甘いお菓子が好きみたいですよ」

数日後、長男がスーパーで所有者を見かけたとき、彼は買い物籠一杯にアメリカのお菓子を入れていた。きっとすべてが変わっても、変わらないものもあるに違いない。そう思うと何か安心するんですよと、並里家の長男は語った。

絵妻

妻を一年前に亡くした高校時代の恩師の家へ、同級生二人と連れ立って訪問した。

すっかり痩せてしまった恩師に迎えられ、お茶をご馳走になりながら近況を報告していると、彼が「ときに、肉体と霊魂の関係についてどう思うかね」と訊いてきた。

恩師は身術の教員で、昔から「カンディンスキーは心霊主義と親和性が高い」とか「ダリの画は臨死体験のそれだと思う」などエキセントリックな発言の多い人だったから不思議ではなかったが、妻を失ったという事実を鑑《かんが》みれば、こちらの答えも曖昧になる。

言いよどんでいると恩師はやおら立ちあがり、奥の部屋から小ぶりのカンバスを何枚も持ってくるや、テーブルに積み重ねたそれらの絵画を一枚ずつ説明しはじめた。

「伴侶の気配を感じるようになってね、その空気というか、気配というか、それを絵に塗りこめようと思ったのだ」

一枚目には揺れるカーテンと、窓の向こうの青い草原が描かれている。

「彼女を視認したいと願ってね。カンバスがそのかすがいになるような気がしたんだ」

恩師はカンバスを次々に披露していく。二枚目は雲の間から伸びる太い腕、三枚目はバラの花弁がびっしり流れ着いた湖畔。

「そしてあるとき、私は妻を目にしたのだ。肉体から解き放たれた彼女は本当に美しかった。私はその姿を観察し、絵筆を走らせたのだよ」

四枚目、ドアがぽつんと一枚描かれただけの絵を恩師が脇へどけると、いちばん下のカンバスが露わになった。

真っ黒に塗りつぶされたなかに、目玉がふたつあった。

これまでの四枚とはレベルが違った。絵心のない自分でも息をのむほどの緻密《ちみつ》さだった。そのくせ目玉には感情がなかった。この眼球の持ち主はすでに常軌を逸している、そのように思えた。

「これを描いたのが、先週だ」

言った瞬間、二階から足音が聞こえた。階段が軋《きし》む。

同級生と顔を見合わせ、挨拶もそこそこに退散した。

去り際、見送る恩師の背後に獣の手のようなものがちらりと見えたような気がしたが、その後連絡を取っていないので、あとはもう、なにもわからない。

黒禍

深夜、寝室の天井から黒い綿の糸のようなものが、五十センチほど垂れ下がっていた。

「蜘蛛《くも》の糸が白くないってこと、あるのかな」

そうひとりごちた時、ふらん、ふらんと黒い糸が揺れた。

エアコンの風で揺れているのだと合点した。

驚かせるなよ……とエアコンのスイッチを切ったその時、ふぁんふぁんふぁんふぁん！

と、エアコン送風時よりも激しく黒い糸が旋回しだした。

不気味ではあったが、糸を取って捨てるには、山積みのダンボール箱をどかさねばならない。面倒になり、そのままにして寝てしまった。

その夜、酷い夢を見た。黒い糸が天井から伸びて来て寝ている自分の頭に刺さり、ずにゅうと毛穴から頭蓋の中に入ってくる夢だ。

悲鳴を上げて目を覚ましたら、薄膜で覆われたように片目が見えなくなっていた。

携帯から救急車を呼んだところ、脳梗塞《のうこうそく》だから緊急入院になると言われた。

いまだに入院加療中なので、天井の糸がどうなっているかはわからない。

秒針

　二十年ほど前、Ｋ子さんの父親が居間でテレビを観ていると、突然、壁掛け時計が床に落ちた。Ｌ字フックで引っ掛けていたので、それごと落ちてしまったのかと思ったが、フックは壁についたままである。地震でもないのに、あんな落ち方をするだろうかと不思議に思った。落ちた時計を見ると、ガラスに細かく罅《ひび》が入り、秒針が三秒進んでは戻るを繰り返している。時間が進まないとあって、時計としてはもう使えそうにない。次のゴミの日に捨てようと、電池を抜いて、庭の物置に仕舞い込んだ。

　すると、その数時間後に電話があり、病気で入院していた叔父が死んだという。いつ亡くなったのかと訊くと、時計が落ちた、まさにその時刻だった。

　翌朝、やはり馴染みの時計店に修理に出そうと、物置に時計を取りにいった。すると秒針は小刻みに揺れながら、進んだり戻ったりを繰り返している。なにか瀕死の生き物のように見えたという。

　結局、修理はせずに捨てたそうである。

脱出

しげるさんはたまに意味もなくファミレスで夜を明かす。

その日は午前二時過ぎには、しげるさん以外の客が誰もいなくなった。

と思っていたのだが、ドリンクバーでコーヒーを入れながら喫煙席の方を見ると、緑色のセーターを着たショートカットの女性の横顔が見えた。

勉強に来てる学生かな、と思いながらカップを持って席に戻ろうとすると、自分の席に緑色のセーターを着たショートカットの女性が座っていた。

びっくりして喫煙席の方を振り返るとがらんとして誰もいない。

自分の席を見ると、緑色のセーターの女性。

そんな馬鹿なと思ってもう一度喫煙席の方を見た。

すると緑色のセーターの女性が座っていた。

しげるさんは誰もいない自分のテーブルにあわてて駆け寄り、伝票を手に取るとそのままレジに向かった。

逃げるならこのタイミングしかないと思ったのである。

花火の影

H君の町では、毎年の夏祭りに合わせて花火大会が行われる。

「そんなに規模の大きなものではないですけど、三、四十分ぐらいは打ち上げ花火が上がり続けますね」

花火の会場が家から近いこともあって、大体は自宅の二階から家族と眺めるそうだ。

「それでまぁ、連発で花火があがるわけですけれど、その中に光らない花火が混じっている年があるんですよ。何て言ったらいいんだろう……花火に照らされた夜空の後ろの方が、こう、ブルブル震えるっていうか、花火の影とでもいうか……」

彼の家は代々漁師をしている。

「そんな花火が混じった年は、良い漁ができないって、亡くなった祖父は言ってました。子供の頃はわかんなかったですけど、最近は俺も漁に出るんで、実感としてそれは当たってるなと……必ずしも不漁ってわけじゃないんですが、事故があったりとか色々」

彼の祖父はそのような花火を「腐れ花火」と呼んで嫌っていたそうだ。

犬を抱いた

昭和の終わり頃の話である。

蕪《かぶ》さんは小学校の理科の授業で使う、イチゴを入れるプラスチック容器をもらうため、閉店時間を狙って八百屋へと向かった。家からそれほど遠くないので自転車は使わず、乾いた用水路沿いの道を歩いていた。すると、向こうから犬を抱きかかえたおじいさんが歩いてくる。

抱えているのは、なかなか大きな成犬である。歩かせたらいいのに、と思いながら見ていると、おじいさんは蕪さんから犬の頭を隠すようにしながら近づいてきた。

よく見ると犬には首がない。

（うわっ、ヤバい人だ）と慌てて脇へ避けると、その横をおじいさんは足早に通り過ぎていく。

その時、おじいさんの足がわずかに地面から浮いているのを見て、ゾッとしたという。

風呂

弘明君は小学二年生の春、家族とともに引っ越した。

その夜、初めて新居の風呂に入った弘明君は思わず「あれっ？」と声を上げてしまった。

前の家ではいつも風呂場にいた、あのおじさんがいない。

酔言

旅行先で、Y美さんは泥酔した彼氏を支えながら、宿にむかって歩いていた。

「もう、ちゃんと歩いてよ、危ないから」

「ははっ、ごめん、ごめんねえ。ちょっと呑みすぎたみちゃいだねえ」

販売機をみつけた彼氏が水を欲しがったので、Y子さんは小銭をいれた。

「ごめんねえ。でもホントに、ここ、良い街だあ。また来ようねえ」

「そうね、次はこんなに酒なんか呑まさないけどね」

「うんうん、来よう来よう。地震がきて、街がもとにもどったら来ようねえ」

「地震？　アンタなにいってんの？」

「うん？　地震って？　まだ揺れてないよねえ。ヒック」

こんな会話があったそうだ。

翌日になって尋ねると理由どころか、そんなこと口にした記憶すら彼氏にはなかった。

ただ数日後、その街で本当に地震がおこって大変な被害がでた。

心当たり

滝沢さんの自宅の近所に空き家がある。
本来は貸家なのだが、人が住まなくなって三年経つ。
最後に住んでいたのは滝沢さん自身である。
マイホームの建築資金を貯めていた頃、月五万の賃貸料に惹かれたのだという。
最近、その貸家に関する妙な噂を耳にした。二階の窓辺に女が立っている。
女は首を右側へ直角に曲げ、窓の外を見下ろしているそうだ。
滝沢さんが住んでいた五年近くの間、そういった事は一度も起こっていない。
居心地が良く、笑顔が絶えない家であった。
ただ、そのような噂が立つ理由には心当たりがあるそうだ。
先月、首つり自殺した自分の妻の幸代だろうとのことだ。
発見当時、幸代さんは首が折れて直角に曲がっていたという。
ちなみに、幸代さんが見下ろす先には、滝沢さんの姑の部屋がある。

過去の声

その年の六月、青森県を旅行した折に、八甲田山《はっこうださん》に赴いた。

頂上でケーブルカーから降りると、そこは蒸し暑かった地上とは全く違い、風がゴーゴーと音を立てて吹きすさぶ極寒の地だった。ケーブルカーの乗り場で係員に薄着であることを指摘されたが、まさかここまでだとは思わなかった。

暖を取れるようなところもなく、次にケーブルカーが出るのは三十分後。止む無く体を温めるため、その辺りを歩き回ることにした。

その内、トイレに行きたくなった。ケーブルカーの駅にほど近いトイレに入る。しばらくすると、外から男の大きな太い声が響き渡った。細かいところまでは聞き取れなかったが、どうやらそれは、周囲にいる人たちに集合を呼び掛ける号令のようである。

何かのイベントが始まったのかと思い、慌てて手を洗ってトイレから出た。だがそこには誰もいなかった。先ほどと同じく、ただ寒風が吹き荒れるだけの寒々しい光景が広がるばかりだ。何だか寂しいような、残念なような、悲しい気分になった。

シミ

ホテルの壁に、うっすらと人間の形をしたシミが浮きでている。
携帯で撮って彼女に写メを送ると、すぐに〈気持ち悪いシミね〉と返信がきた。
しばらくして壁をみる。シミがさっきより濃くなっている気がした。また携帯で撮って
もう一度写メを送る。そして彼女の返信を待たずに、バスルームでシャワーを浴びた。
バスルームからでると返信がきている。
〈さっきの写メと頭の部分とか違うんだけど、同じシミ?〉
撮った写真が閲覧できるフォルダを開いて、二枚の写真を見比べた。
一枚目は人間の形をしているシミの写真である。
二枚目はもっとハッキリしていて、髪型と目鼻まで確認できた。
壁に目を凝らすと、シミはさらに変化して絵のようになっている。
完全に子どもの姿と確認できるほどである。
「これってマジで……」とつぶやくとシミの目が、かッと見開いてIさんを捕えた。

ねこ、ねこ

休日の夕方、仮眠を取ろうと横になるなり金縛りにあった。

至近距離から〈ねこ、ねこ〉という声がする。

ずっしりとした重さに息苦しくなり、目を開けたら何かが胸に乗っていた。

子供の描いた絵の如く輪郭がぶれ、細部が定まらぬ白い物。それは四足の獣のようで、胸の上でしずしずと香箱《こうばこ》座りをした。

何だこれ。何なんだ、こいつ。

〈ねこ、ねこ〉

獣は顔の下方、口に当たる部分をふるわせて言った。

〈ねこ、ねこ〉

こんな適当な落書きみたいな物が、猫だって?

懇願するような声で、獣は同じ言葉を繰り返す。

〈ねこ……〉

「見ればわかるよ」と答えると、〈ねこ〉は満足げにうなずいて消えた。

誰何

高義《たかよし》さんは子供の頃、こんな経験をしたことがある。

神社の石段を下りていたら脇の藪から名前を呼ぶ声がした。

「たかよしー、たかよしー」

そう繰り返すか細い声は父方の祖母に似ていたが、祖母はすでに亡くなっている。怖くなった高義さんは勇気を振り絞って、

「俺の名前を呼ぶなら、お前も名を名乗れ」

そう藪《やぶ》の奥に怒鳴《どな》りつけた。

すると声が止み、しばらく静かだったがぽつりと、

「えんどう、おまめ。おまめ、まめ、まめまめ……」

いっそうか細い声がそう言いながら消えていった。

翌日、神社からほど近い畑で大きな古狸が死んでいるのが見つかった。

「死ぬ間際の狸が、人間と友達になりたくなったのだろう」

高義さんの話を聞いて、近所の爺さんがそう語っていたそうだ。

屋根の男

知人のT子さんの話である。

四年前の盛夏のある日、T子さんの父親が突然こんなことをいった。

「最近よ、Oさんところの屋根に変な男が上っておってな、逆光でよく見えねえが、俺に合図を送るみたいに、顔の前で手を交差させてるんだわ。指先を伸ばして、こんなふうにバツ印みてえな感じでな」

Oさんというのは、T子さん宅の斜向かいに建つ、八十代の老夫婦が住む家である。

リフォームするかなにかで大工が屋根に上っているのだろうと、最初のうち父は思ったそうだが、建築業者の車が見当たらないので、そういったことではないようだった。

老夫婦には跡継ぎがなかったので、なにかの事情で親戚か知り合いのような者が上っているのかと、そんなふうに考えたりもしたが、自分に向けるように手を交差したポーズをとっているのが意味不明だった。近くまでいって話しかけもしたそうだが、男は答えもせず、押し黙ったままだったという。

その翌年の二月のこと。

十年に一度の寒波が到来し、T子さんの住む地域は一晩のうちに百センチほど雪が積もった。

父親は朝から雪かきのために家を出ていったが、T子さんは仕事に行くこともできず、終日自宅にこもっていた。が、どれだけ待っても、その日、父が帰宅することはなかった。

老夫婦に屋根の雪下ろしを頼まれた父親は、断れずに仕方なく引き受けたのである。その屋根からひと知れず転落し、深い雪のなか、父は息絶えていた。死因は窒息死だったが、発見されたとき、躯はすっかり凍りついていたという。

なぜか、顔の前で手を交差させていたそうである。

主的なモノ？

Kさんの家は山深い土地にあり、周囲を田んぼに囲まれている。

夏の時期は夜になると蛙《かえる》の鳴き声がうるさいという。

しかし時々、その泣き声がピタッと止まる時がある。

「ずっとゲコゲコ泣いてたのに、急にシーンとなるわけ。そんでその後に必ず『ズシン』って、地面を大きな足で踏みしめるような音が聞こえるんだ」

そんな時は、何故かK家の家族たちも一様に静まり返るそうだ。

「その音が聞こえたから黙るんじゃなくて、音が聞こえる前に自然と静かになってる。それで『あ、行ったな』って、何でかそう思う。何が？　って感じだけど……」

何だか畏《おそ》れ多いため、それの姿を確認したことはないとのこと。

今の子って

結花《ゆか》さんが中学生の頃、部活帰りに友人と商店街をぶらついていると、前から七、八歳くらいの女の子が歩いてきた。たくさん詰め込んでパンパンにふくらんだスーパーの買い物袋をずるずると引きずっている。その袋の口から、細長い人の腕が飛び出ており、手をぷらぷらと揺らしている。

「なにあれ」

笑いながら隣の友人を肘で突くと、その腕を掴まれて道の脇へと引っ張られた。

「痛いなぁ、なに?」

「今のって本物? ヤバくない?」

友人には腕ではなく、猫の死体が袋から垂れ下がっているように見えたのだという。

清掃不能

配管業を営む阿部《あべ》さんは、受水槽の清掃も請け負う。

水が溜まっている時は澄んで見えるのだが、水を抜くと床は水垢《みずあか》や鉄錆で汚れていると
いう。それをデッキブラシでひたすらこするそうだ。

時にはネズミなどが沈んでいることもあるらしい。

その日は、とある大型マンションが現場であった。いつものように水を抜き、受水槽に
入った阿部さんは、妙なものを見つけた。

赤ん坊の服と靴下だ。とりあえず取り出し、掃除を開始する。

しばらくすると、急に足が重くなった。視線を落とすと、そこには何かの肉塊《にくかい》がいた。

どろどろに溶けたような塊《かたまり》から、小さな手足が生えていたという。

驚いた阿部さんがデッキブラシで叩こうとした瞬間、その肉塊は消えてしまった。

早々に掃除を終え、阿部さんは現場を後にした。

自分が見たものについては一言も触れず、発見した服と靴下は燃やして処分したそうだ。

今でもそのマンションからは掃除の依頼が来る。何度掃除しても、水が臭いらしい。

拳闘

古道具屋でボクシンググローブを買い求めた。

店主は「往年の名選手が使用した本物だ」と言い張るが、半分も信じてはいなかった。半値に負けさせ、話の種になれば御の字だと購入を決めた。

自室の壁に飾ってみれば、それらしいインテリアに見える。

満足して床についたその夜。ぱつん、ぱつん、という音で目がさめた。

薄暗がりに人が立っている。輪郭のぼやけたその人物は、握りしめた拳で、電灯の紐を的確に何度も打ち抜いていた。

ああ、本物だったかと悟り、遺族の連絡先を調べて送ったという。

職務質問

自転車で通勤をしている。残業が長引いた場合、終電に間に合わなくなることもあるからだ。家から会社まで自転車で約三十分。これくらいなら苦にならない。

その夜も残業で、会社を出たのは一時半を過ぎていた。自転車で人通りの絶えた暗い夜道をひた走る。やがて大きな川に差し掛かった。いつものように橋を渡る。

その途中、巡回中の警察官に呼び止められた。自転車泥棒の疑いを掛けられたようだ。止むを得ず自転車から降り、警官の質問に答える。

ふと、視界の端に何か光るものが映り込んだ。そちらに目を向けると、橋の欄干《らんかん》の向こう側に三十代ほどの痩せた男が青白い光を発しながら中空に浮かんでいるのが見えた。

思わずあっと声を上げたが、警官は不思議そうな顔をして「どうしたんですか?」などと言っている。見えていないのだ。

男はしばらくそこに浮いていたが、いきなり物凄い速さで川へと落ちて行ってしまった。落ちる瞬間の男の恐怖に満ちた表情を今でも忘れることはできない。

生きがいなし

深夜、弁当を持ってレジにいくと、だるそうな態度の店員がモゴモゴとなにかいった。
聞きかえすと「……のカードありますか」とポイントカードのことをいっていた。
店員は弁当をそのまま袋にいれる。どうやら温めるのも面倒くさいらしい。
（いつもこのひと、厭な感じだな）と思いながらお金を渡す。
おつりを受けとった瞬間に、つららで背中を撫でられたような感覚が走った。
触れた手が異様に冷たかったのだ。
生きている感じがしない――態度も含めてそう思った。
翌日、店員が事務室で首を吊り亡くなっているのが発見されて、騒ぎになっていた。
あのとき既に死んでいたのか。死ぬ前だったのか。それはわからない。
ただその店員はいまもレジに立っている。
生きているときと同じように、死んだ表情で。

かばねだま

永一《えいいち》さんは小学生の時、親の都合で地方に引っ越した。

人見知りな性格からなかなか友達ができず、休日になるとよく一人遊びをしていた。

ある日、当時見ていたテレビ番組の影響で近所の山を探検しようと思った。友達はまだいないので単独行である。地図も持たず、思いついた勢いで細い山道を登り始めた。

しばらく行くと、道の真ん中に黒い団子がいくつも置いてあった。近寄ってみれば、それは死んだ昆虫が寄り集まり、球状になった物だった。とても綺麗な球形をしていたので〈誰かが虫を丸めてこさえたみたいだなぁ〉と思った。

珍しい物を見て興奮状態で先へ進むと、ボールのようなものが幾つも道に落ちている。

今度は小鳥だ。十数羽の小鳥が、ギュッと一つの球に丸められている。

雀《すずめ》や鶺鴒《せきれい》はもちろん、名前のわからないカラフルな羽の鳥もいて、生きているのがいたら家に持って帰ろうと指でつついて確認したが、いずれも死んでいた。

さらに坂を登っていくと、バスケットボール大の鼠《ねずみ》玉が落ちていた。

球状に組み合わされた死体をほどいてみると、小さな体を包むなめらかな毛皮のどこにも外傷は無く、血も流れていないようだ。

何故、小動物がこんなに丸まって死んでいるのか。その理由を考えもせず、次は何が死んでいるのだろうと好奇心で先を急いだ。

徐々に坂が急になっていき、くたびれてきて道を見上げると、何か鼠より大きな動物が、坂の上にこんもりと積み上げられていた。大きさからして猫か、小型犬か。

たぶん、あれも皆死んでいるのだろう。

何の死体か確かめようとした歩みが止まった。

小山のように積まれた獣の死体の影に、誰か隠れている。その何者かは大きな掌《てのひら》で獣の死体を引っ掴むと、おにぎりを握るようにしてくるくる器用に丸めた。

それは人のように見えたが、どこかバランスがおかしい。死体を握る手が頭の倍ほども大きいと見て取った時、急に恐ろしくなった。

後ろを振り返らずに家まで一気に坂道を駆けていく間、往路に幾つも落ちていた生き物の屍《かばね》玉が、どういうわけか一つも見当たらなかった。

家に着くと、〈どこへ行ってたの、お友達から電話があったよ〉と母親が言った。

子供のような声で〈あともうすこしだったのに〉と言うと、電話は切れたという。

釘

Ｂ子さんの叔母は今年八十三歳になるが、その齢になるまで、子どもがひとりもできなかったことを引け目に感じてきたという。

一度、三十代の半ば頃に新しい命を授かったが、妊娠中期のある日、突然出血した。診断は切迫流産だったが、結局子どもは助からなかったそうだ。

その頃、色々と悪いことが重なり、思い悩んだ叔母が知人の霊能者に相談したところ、家のなかのどこかにあってはならない釘が打ち込まれているという。いわく、その余分な釘が死産をもたらした、とのこと。

流産する二日前、用を足しやすいようにと、叔父が便所の柱に釘を打ち、手すりを設けてくれたことを叔母は思い出した。

その後、手すりは取り去ったが、結局子どもには恵まれなかったという。

父の一夜

安志さんの父親は九十歳まで生きたが、八十八歳のときに近所の川原で一夜を明かしたことがある。それまで目立った徘徊などなかったので、家族はとまどいつつ必死で捜し警察にも届けたが、何度も確かめたはずの見通しのいい河川敷の一角で無事発見された。どうやらそこに新聞紙を敷いて一晩中座っていたらしい。

「ミタニくんがわざわざ会いにきてくれたんでね、久しぶりに語り明かしてしまったよ」

帰宅した父親は退職後も懇意にしていた元部下の名前を口にした。

その日の昼前に電話があり、ミタニさんが昨夜遅く急逝したという知らせだった。

ランナー

Wさんが朝に時々見かけるジョギングの男。
すれ違いざま軽く会釈をする程度の間柄。
彼はWさんが小学生の頃から、変わらず同じ年恰好のまま走り続けている。
そして、どうやら彼女以外には見えないらしい。
どこの誰なのかは不明。
しかしWさんは、彼が「あずまさん」という人であることは知っているそうだ。
何故なのかはわからないという。

婦人服売り場にて

藤田さんが勤めるのは、大阪にある某有名デパートの婦人服売り場である。

その日はとても暇だった。売り場に客の姿はない。

藤田さんは同じ売り場の仲の良い店員と四人で輪になっておしゃべりをしていた。

突然、藤田さんの横に立っていた古村さんが前に倒れ込んだ。他の二人が慌てて彼女を支える。

「今、誰かに押された」

体勢を立て直して、古村さんは後ろを気にしつつそう言った。

「後ろには誰もいなかったよ」

他の二人が口々に言う。

だが、彼女の横に立っていた藤田さんには見えたのだ。彼女の背後に人の手首から先だけが現れて、その背中を勢いよく押したのを。

その手はごつごつした男の手だったという。

四人

こんの今野さんの祖父が学生の頃に体験したことである。

学校から自転車で帰っていると、自転車に乗った四人の生徒が自分を追い越していった。三人は誰なのかわからなかったが、一人は級友だった。

「おーい」と声をかけるが、聞えていないのかどんどん先へ行ってしまう。

名前を呼んでも振り向きもしない。

なんとか追いつこうとペダルを漕ぐ足を速めるが、前の四人も速度を上げるので距離がまったく縮まらない。

やがて四人は、「うらたけ」と呼ばれていた空き地へと入っていった。

そこはこの辺りでは口煩いことで知られる年寄りの所有地で、かなり広い土地なのだが何に使われるわけでもなく、高い柵に囲まれて、ただ放置されていた。

伸び放題の草が支配しており、腐りかけの角材が縄で括《くく》られてあちこちに置かれているだけで何か面白いものがあるわけでもない。

そんな場所へ何をしに入ったのだろう。

様子をうかがおうと四人の入っていった柵の切れ間の前に自転車を止めた祖父は、その光景を見て固まった。

四人が入っていった柵の切れ間には、ロープや針金が執拗に張られており、自転車で通ることなどできなかった。

その数日後、あの時に見た級友の家が火事で全焼し、家族全員が焼死した。

廃音

山中にある廃ホテルのラウンジに、一台のグランドピアノが置き忘れられている。

それが、ひとりでに鳴るのだという。

高い音が、ぽろん、と響いたときはそっとその場を去れば問題ないが、低い鍵盤が複数、ずうん、と轟いたら、〈演奏者〉が憤っている証拠なので、危ない。

侵入者は七日のうちに譜面を読む「目」か鍵盤を叩く「指」を、かならず失う……。


そんな噂を聞きつけて、男性はそのホテルへ侵入した。

蜘蛛の巣と、踏むたび埃《ほこり》の舞う床に辟易しながらラウンジへたどり着くと、たしかに噂どおり、大ぶりのピアノが置かれている。

妙だった。

ボディは埃をかぶっているのに、鍵盤はいましがた磨いたように艶々としている。

不可解さに寒気をおぼえていた矢先、ラウンジのどこかで軽やかな音が聞こえた。

正体をたしかめる間もなく、半泣きでその場を逃げだす。

一週間ほど脅えて暮らしたものの、べつだん異変は起こらなかった。

それですっかり安堵した彼は、笑い話のつもりで人に会うごと、その出来事を伝えた。

と、そのなかに「あのホテルが営業していたころ、それも倒産間際に泊まったことがある」という女性がいた。

彼女は話を黙って聞いていたが、やがてぽつりと、

「宿泊したときには、ピアノなんて無かったよ」

と、言った。

では、あのピアノは、あそこが潰れてから運びこまれたというのか。

誰が。なんのために。

気になってはいるが、再び行く気にはならないそうだ。

猫を撮る

佐藤さんの夫である洋一さんは、休日になるとバッグに何台ものカメラを詰めて外出する。狙うのは野良猫だ。洋一さん曰く、野良猫たちは愛らしく、時に太々しく、魅力に溢れる撮影対象らしい。

その日、洋一さんは普段とは違う場所に向かうといって家を出た。友人が教えてくれた公園らしい。そこに、沢山《たくさん》の野良猫が暮らしているというのだ。

夕方近くに帰ってきた洋一さんは、早速、本日の成果を確認し始めた。自室のパソコンにデーターを取り込み、特に気に入った画像をプリントしてきた。どうやら良い被写体に巡り会えたらしく、満面に笑みを浮かべている。

「これが良い三毛でね。こっちは茶トラ。まだ若いな」

洋一さんは、君も見てごらんとプリントされた紙を差し出してくる。それほど興味はないのだが、適当にあしらうと機嫌が悪くなるため、佐藤さんは熱心に見るふりをした。プリント用紙は全部で五枚。確かに可愛らしい猫が写っている。が、五枚目を見た瞬間、佐藤さんは我が目を疑った。そこに写っていたのは、猫の死体であった。

長く放置されていたらしく、腐乱している。そのせいか、元々の毛色すら分からない。

小さな鈴が付いた赤い首輪にはチャコと書いてあった。

吐きそうになり、佐藤さんは便所に急いだ。洋一さんの驚く声が投げつけられる。

便所から戻った佐藤さんは、声を荒らげて問い詰めた。

いったいこれはどういうつもりか。こんなものを撮ってどうするのか。

洋一さんは詰られて初めて気づいたらしく、こんな気持ちの悪い写真を撮った覚えがないと震え声で呟いている。

他のカメラも調べてみると言い、洋一さんはバッグを持ってきた。

開けた途端、異様な臭いが部屋に満ちた。悲鳴をあげて洋一さんはバッグを落とした。

中からこぼれ出たのは、さっき見たばかりの赤い首輪の猫の死体だ。

段ボール箱に入れ、川に流すまで小一時間掛かったそうだ。

その日以来、洋一さんは写真をやめた。

何をどのように撮影しても、あの猫が必ず写るからだという。

孫の手

とある介護老人福祉施設で働く男性から聞いた話である。

入所者の中に富樫《とがし》さんという寝たきりの女性がいた。彼女は、高齢からくる皮膚の乾燥のため、全身、特に背中に強い痒《かゆ》みがある。

ある日、家族の方が孫の手を持って来てくれた。洒落《しゃれ》たデザインのアルミ製だ。ところが富樫さんはそれを使うのを嫌がった。アルミの触り心地が気に入らなかったらしい。

富樫さんは、どんなに背中が痒い時でもその孫の手を使おうとせず、常に職員を呼び、背中を掻いてくれるように頼むのだった。頼まれた職員は応じないわけにはいかないが、それでも忙しい時などは孫の手を使うように言って、それを手渡すこともよくあった。

ところが、いつの頃からか孫の手が見当らなくなった。どの職員にも心当たりがない。あちこち探してみたのだが、やはり見付からない。

結局、孫の手は「紛失」ということになり、家族の方にまた別の孫の手を持ってきてもらった。今度は木製の一般的なタイプ。富樫さんも文句はないようだった。

それからしばらくして、富樫さんは容態が急変して入院、数日後に病院で亡くなった。

施設では、次の入所者の受け入れ準備のために、富樫さんが使っていたベッドのマットレスを取り外した。

　すると、その下からアルミ製のあの孫の手が出てきた。重いマットレスを外さないと、そんなところに孫の手を入れることなど不可能である。もちろん富樫さんが入所している間はマットレスを外したことなど一度もなかった。

　孫の手は富樫さんの家族へと返却されたが、一体誰が、どうやってそんなところに孫の手を隠したのか。職員をはじめ、家族の方も首をひねるばかりである。

フリマアプリ

話題のフリマアプリをスマホにインストールした。

最初は不用品を処分するつもりだったが、すっかりはまってしまい、セールで人気の品を安く仕入れては高値でさばくなどして、かなり稼げるようになった。

迅速丁寧な取引を常に心掛け、「良い出品者です」という評価が二百を越えた。

しかし、今年になって「ふつう」や「悪い」など、低い評価が付き始めた。

出品する商品は昨年と変わっていないし、検品や梱包もきちんとして発送している。出品者の落ち度はないはずだが、何故か「良い」以外の評価がぽつぽつと付けられている。

低評価のコメントには、〈長い髪の毛が何本も入っていて気持ちが悪い〉などと書かれる。検品を行う自分の髪型はショートであり、アパートに一人暮らしのため、思い当たる節はない。

直近の低評価コメントに〈商品に血のような汚れがついていました〉とあるのを見てそら恐ろしくなり、アプリを退会するか否か迷っている。

天井裏

Eさんの祖父は「天井裏だけは絶対に覗くな」と常日頃からいっていた。なぜかはわからない。なにか隠しているのかとも思ったが、祖父は車椅子だ。隠せるはずがない。

祖父が亡くなり、しばらくして「そういえば、天井裏がどうこうってジイさん言ってたな」と思いだし、なにか理由があるのかと気になったので覗いてみることにした。

Eさんは懐中電灯を持って押入れにあがる。

天井板をずらして、頭をいれ、懐中電灯のスイッチをオンにした。

目の前にいるおんなが手を伸ばし、Eさんの首をぎゅうッ。

赤線

夜、帰宅して浴槽を洗い、栓を閉め、蛇口から湯を出した。友人と電話で話した後、さて入ろうか、と風呂場の扉を開けると、湯が張られていない。見ると、栓も抜けている。そんなことが三日立て続けであった。

連日の残業でよほど疲れているのかと思ったが、蛇口をひねった記憶はたしかにある。実際、湯が溜まっていた証拠にうっすらと湯船の側面は濡れていた。

四日目。

今度こそはと、蛇口をひねって湯が溜まるまでその場で待つことにした。そろそろという頃に、湯面が急にショッキングピンクに染まった。なにごとかと思ったら、底の栓がひとりでに抜け、ごごごごッと、湯が一気に減っていく。

浴槽の内側に、異様に赤い線の輪が結ばれていた。

リフォームしたてのアパートに入居して、最初の週の出来事だという。

墓地囲い

最近定年で教職を退いた瑤子《ようこ》さんが、小学生の頃にしていたという遊びの話を聞いた。

近所のなるべく狭い墓地を選び、敷地のまわりに小石を並べていく。一周して墓地をすっかり小石の列で囲んでしまうと、そこにあの世からの出口が開いて死者の霊が出現するというものである。

年上の子から教わった遊びで、瑤子さんも年下の子たちに教えて石を並べるのを手伝わせていた。結局一度も幽霊が現れることはなかったそうだが、この遊びをした後は不思議と近隣の家で葬式が出たそうだ。それが毎回例外なく続いていることに気づくと、瑤子さんは気味が悪くなり遊びをやめてしまった。

「だから今から思うと、あの世の出口を開くつもりが、間違えて入口を開いてたってことなんでしょうね」

瑤子さんは小声で付け加えて、上品に笑った。

赤い部屋

小学六年生の頃の話だという。

ある晩、誠《まこと》さんが目覚めると部屋が真っ赤だった。

一瞬、火事かと慌てたが、まったく熱くはない。何かが光って部屋を赤く染めているのだと思い、その原因を探すために目を巡らせると、部屋の天井の隅に小さな顔が浮かんでいるのを見つけた。図工で作る版画のように真っ黒な顔で、白い歯を見せつけて笑っている。

それを見た瞬間、誠さんの口から勝手に「ヒロタ！」と声が出た。

すると隣で寝ていた弟が急にムクリと起きて、電灯の紐をカチンと引いて明かりを点けた。天井の顔は消えずにはっきりと残っていたので、誠さんは這うようにして一階にある両親の寝室へと逃げ込んだ。

翌日、弟のクラスメイトが交通事故で亡くなっていたことを知る。

その児童の名はヒロタマナブという名であった。

交換

A氏の自宅近くに、一軒のリサイクルショップがある。古倉庫を改装した、いかにもな店構えに反して品物の揃えはなかなか渋く、何処から仕入れてくるものやら、掛け軸だの能面だのが豊富に並んでいる。

この店の店長が、よく変わる。

恰幅の良い初代店長は、店内で昏倒したあげく救急車で運ばれ、それっきりになった。次にやってきた禿頭の男性は、就任してまもなく婦女暴行で捕まった。交通事故、自死、大病による離職、行方不明……A氏が知るかぎり、現在で八人目の店長である。

開店からおよそ二年でこの人数は、さすがに多い気がする。もっとも、新任の店長に言ったところでどうしようもないので黙っている。また、A氏自身はその店にほとんど立ち入らないのだそうだ。

「品物の〈どれか〉に原因があるように思えて、ちょっと怖いんですよね」

近所では「店長もリサイクルされてるんだね」と、もっぱらの噂だという。

この話を書いている最中、A氏から「九代目になりました」との連絡が届いた。

本名希望

一昨日のことだ。取材してきた話をパソコンに入力していた。

イジメに端を発した陰惨な話である。下書きを終え、読み返して過ちに気づいた。

本名を書いてしまっている。話の内容云々に関わりなく、本人が特定されるような事は避けなければならない。都合七カ所を書き直し、タブレットに保存。

翌日、出勤途中の電車でタブレットを取り出す。書いたばかりの話を読み始め、思わず首をひねった。本名に戻っている。初保存のデーターであり、以前のものが残っていたわけではない。とりあえず再度入力し直す。他の話も確認し終えたところで目的の駅に着いた。昼の休憩時、全ての話を最終確認。誤字・脱字が無ければ完成稿にする。

読み進めて間もなく、私は驚きのあまりタブレットを落としかけた。

直した筈の名前が本名に戻っている。その夜、御家族から電話があった。

「本名で書いてほしいと本人が言ってます。何度直しても戻すから無駄だと」

本人様は二年前に亡くなられたのではと訊いたのだが、無言で切られた。

そこまでの思いが込められた話、発表しなければどうなるのか。試してみようと思う。

まんが道場

その大学の敷地のはずれには築何十年にもなる平屋の建物があった。現在では使われていないが、元々は研修道場だったらしく、中にはトイレ、キッチン、倉庫、そして二十畳ほどの和室広間がある。そしてその畳の上には古めかしい漫画の本が表紙を上にして、所狭しと綺麗に並べられているのだ。どれも戦中戦後の時代のものらしい。

春日《かすが》君がここに初めて入ったのは、大学一年の夏のこと。建物内の掃除は体育会系のクラブが三ヵ月に一度、持ち回りで行っており、今回は春日君ら野球部が当番だった。

中の様子は先輩からも聞いていたが、それでも直に目にすると異様だった。春日君が何げなく並べられた漫画の一冊を手に取った瞬間、甲高《かんだか》い声が建物全体に響き渡った。

「イロイロ、オモロピイ」それはそう聞こえた。途端に他の部屋から先輩が飛んできた。

「早く！　早くそれを元に戻して！」

そこに並べられた漫画には決して触ってはいけない。それがここの決まりである。ただ、それを破るとどうなるかは誰も知らない。だが、破る者は誰もいないのだという。

桃

その老人には口癖があったそうである。

近所のひとが来るたびに「桃、食べるか?」。見知らぬセールスマンが来ても「桃、食べるか?」。玄関をでて最初に逢った通行人に「桃、食べるか?」。だれかれかまわず聞く。食べると答えると冷蔵庫を開けて「あれれ? ないなあ」と首をかしげ、確かにあったはずだと言う。ほとんどのひとは老人が認知症と知っていたので優しく彼に接していた。

その老人が孤独死した。ようすがおかしいことに気づいた主婦が訪ね、亡くなっている彼を発見したらしい。空の冷蔵庫の扉を開けたまま倒れて、庫内灯に照らされ死んでいた。

身寄りなき老人の葬儀は近くで行われず、どうなったのかだれも知らない。

ただ、その主婦の葬儀は老人を発見してから四日後に行われた。遺体をみつけたショックからか、高熱をだしてそのまま亡くなってしまった。病院に運ばれてからも彼女の意識は朦朧《もうろう》としており「いらない、桃、いらないいから」とつぶやいていたそうだ。

桃、食べるか?

女の人

Tさんが小学生の頃の話。

ある日、学校から帰ると自宅の階段に見知らぬ女の人が座っていた。

両親は仕事で留守にしており、家にはTさん一人。

彼女は黙ってその女の横をすり抜け、二階の自室に入った。

そして、そのまま布団を被って眠ってしまった記憶があるという。

「布団を被ったのは怖かったから。それに泥棒とか、現実的な意味で危害が加えられるような存在とは思えなかったから……」

女は酷《ひど》く変形した顔をしていたそうだ。

廃屋

山田さんの実家は沖縄県北部の山のふもとにある。実家のある集落はのんびりした、何もない場所なのだが、そこに一軒の廃屋になってしまった家があった。

もともとその家は山田さんの叔父にあたる人物が所有していたが、苦労の末病気になり、結局首を吊ってしまい、そのまま長年放置されて廃屋と化してしまった。

ある夏のこと。その廃屋で自殺者がでた。親族はもとより親も集落にはもういないので、山田さんとは何も関係のない廃屋であったが、地元の警察に一度来て欲しいとの連絡があった。

山田さんが地元の警察署に行って話を聞くと、いろいろなことが分かった。

自殺した男性は、北海道からやってきてしばらくそこで生活していたようで、持って来たリュックと、身分証、わずかな食料や衣服などが残されていた。最初から死ぬ気でいたらしく、周囲にも「南へ下ってからそこで死ぬ」と漏らしていたという。もちろん山田さんとも親族とも縁もゆかりもない。

「で、ですね」と担当の刑事が言った。「その男性が死ぬまでつけていたノートがあるんですけど、その内容について山田さんにお伺いしたかったんです」

刑事は、しみだらけの大学ノートを持ってきて、パラパラとめくった。数ヶ所に付箋《ふせん》が貼り付けてあった。山田さんは、付箋の貼ってある場所を読んだ。

「これ、嘘ですよ」読み終わると山田さんは言った。「叔父は死んでいます。かなり昔に。しかも山田の親戚は、もうあの集落にはいないんです」

「調べました。だから変なんですよ」

大学ノートには、そこの家主に世話になり、最後、一緒に酒まで飲んだと書いてあった。最後の一文は、こう締めくくられていた。

「山田さんの声がする。苦しい苦しいと。頭がおかしくなりそうだ。渦を巻いた何かが、頭のてっぺんから脳髄に入り込んでくる。苦しい。助けて」

それがあってから、すぐに廃屋は取り壊された。現在は更地になっているという。

ジビエ

冴《さえ》さんは趣味として罠猟を行う、山の猟師である。

ある晩秋の日、冴さんが罠の見回りに行くと、くくり罠に兎《うさぎ》が一羽かかっていた。

後ろ足を罠に囚われて暴れる兎に同情がわきそうになるが、肉の鮮度と美味しさを保つためには、一刻も早く仕留めて血抜きを行う必要がある。

兎を抑え込んで小さな体にナイフを差し込み、抜いたところで冴さんは首をかしげた。

血液が全くと言っていいほど流れ出ない。動脈を切断しているはずなのに何故だろう？

傷口を覗き込もうとして、冴さんはのけぞった。創傷からうどんそっくりな乳白色の蟲《むし》がドッと這い出したのだ。兎の小さな体のどこにこんなに詰まっていたのか、紐のような蟲が群れになって落ち葉の上をくねり、藪《やぶ》の中へ入り込んでいった。

野生動物をさばく際、体内の寄生虫を見かけることはままあることだが、こんなに太くて大きい蟲は初めてだったし、ここまで大量に蟲のいる個体に遭ったこともなかった。

気を取り直して解体を続けようと兎の後ろ足をつかんだところ、容易に全身が持ち上がった。見れば兎は血も肉も骨すらもない、ぺらぺらな皮袋一枚になっていた。

同好の士

　ある廃墟となったドライブインに幽霊が出るという噂があり、J君が友人を連れ立って建物に入ったところ、背後から、

「ここでるんですか」

　慌てて振り返ると、懐中電灯の明かりを顎の下から顔に当てた男が立っている。

　一瞬ぎょっとしたが、なんだ同好の士か、と胸を撫で下ろして、

「ええ、なんかそうみたいですね。でも単なる噂――」

　そう答えている途中、砂のモニュメントが崩れるように男は消えていったという。

夢

仲井《なかい》くんのお兄さんは子供の頃から頭がよくて勉強ができ、某国立大学の医学部に進んだけれどある日自死してしまった。遺書は見つからず原因に心当たりもなく、悲しみと混乱のために家族の気持ちはバラバラになってしまった。

仲井くんもお兄さんが亡くなって以来ほとんど実家に寄りつかなくなった。だが時々夢にお兄さんが現れて実家の猫に子供が生まれたとか、母親がバイクとぶつかって軽傷を負ったとか教えてくれるという。少し後に実家から電話があったり、法事で帰郷したときなどにお兄さんの報告が全部正しかったことを知るのだ。

それだけ頻繁に夢に現れるのに、仲井くんはお兄さんに自殺した理由を問い質《ただ》したことはない。というより、もし訊いてしまったらそれきり夢にお兄さんが現れてくれなくなる気がして、訊く気にはなれないのだそうだ。

継承

「気づいたのは葬儀の時ですね」

M君は水虫に悩まされている。

「親父が水虫だったんですよ、だから感染《うつ》らないように家族で気を付けてて」

しかし、彼の水虫は、お父さんが無くなった後に発症している。

「生きてるうちならまだしも、死んだ後にねぇ……」

彼の母親の弁によれば、父親もまた、M君の祖父の葬儀の際に水虫を発症したという。

「代々馬鹿なもん受け継がせんじゃねぇって、笑えないですよ」

M家の仏壇には、水虫の薬が供えられるそうだ。

鳥肌

タクシー会社に勤める大木《おおき》さんは女性ドライバーである。

仕事中に怖い体験をしたことはありますかと訊ねると、霊のようなものは一度も見たことがないが、通ると決まって鳥肌の立つ不思議な道があるという。

ある住宅街の中にある十メートルほどの細い道で、鳥肌が立つのはたったの三秒ほど。普通の鳥肌とは違い、冷たい手で腕を逆なでされたような鮮烈な感覚を覚えるのだという。

ある晩、その道を通った時、これまでにはなかった感覚が大木さんの腕を撫でた。

すぐに車を止め、シャツの袖を上げて腕に鼻を近づけると、すっぱいにおいがする。

唾液のにおいだった。

嘶き

H市在住の某氏宅では、昼寝をすると覚め際に馬の嘶《いなな》く声が聞こえる。

一階より二階の方が頻度も声の大きさも上回り、とくに二階の北側の洋室では壁一枚隔てたくらいの近さで聞こえることもある。

馬の声で目が覚めるのか、覚めかけると嘶きが聞こえるのかはっきりしないが、いずれにせよ近隣に馬が飼われている施設はないそうである。

打つ

Fと名乗る青年が、こんな話を教えてくれた。

車で日本一周をしているとき、川沿いの土手に面した駐車場で、金属バットを拾った。ずいぶんと使いこまれたもののようで、凹凸《でこぼこ》が激しい。これでは当たっても球は望んだ方向に飛んでいかないだろうと容易にわかる。だから捨てたのかなと考える。

それでも素振り程度には使えるだろうと、後部座席にしまった。

ハンドルを握り続けていると、どうしても運動不足になってしまう。これを機に解消できるかなと密かに喜びつつ走っていた。

その夜、県境の山道を走っていると、背後から、からん、からんと金属音がする。あのバットがなにかにぶつかっているのだと思ったが、なかなか音は止まない。カーブが続くつづら折りの道だから仕方がないとはいえ、さすがに気になりはじめた。

リアトランクへ収納しようと路肩に車を止め後部座席を除くと、バットを転がしていた床に、実りすぎた柑橘類《かんきつるい》を思わせる、ぼこぼこの顔があった。

顔が、砕けた歯をニッと見せる。Uターンを知らせる交通標識の矢印のように、鼻がねじ曲がっていた。まぶたが腫れあがっている所為《せい》で、目の詳細はわからなかった。

車を飛びだし、一キロほど先にある潰れたドライブインの駐車場にうずくまって夜を明かした。朝になって車へ戻ると、彼はその場にバットを投げ捨てた。

以来、旅先で物は拾わないようにしている。

盆踊り

一昨年の夏、池田さんが暮らしているマンションは、盆踊り大会を計画した。

マンション隣の空き地を会場とし、設備はレンタルで賄える。

夜も更け、提灯《ちょうちん》に灯りが点り、いよいよ開始である。

音楽に合わせて楽しげに踊る人々を見ていた池田さんは、妙なものに気づいた。

人の輪の中に黒い霧が漂っている。霧は、ひとりの女の子にまとわりついている。

どうやら見えているのは自分だけだと分かった池田さんは、敢えて無視する事にした。

翌日、参加した住民の子供が一人亡くなった。就寝中の突然死らしい。

それは、黒い霧にまとわりつかれていた子だった。

盆踊りは好評で、翌年も行われた。周辺の住民も参加し、盛大なものになった。

その年も、池田さんは再び黒い霧を見つけてしまった。今回も女の子にとりついている。

翌日、不安は的中し、その子が亡くなった。霧のせいだとは思うが、今更言い出せない。

信じてもらえるとも思えない。

今年も大会は実施されるという。池田さんは、参加をやめて家族旅行に行くそうだ。

肝を試す部屋

茂田《しげた》さんが美容師の専門学校に通っていた時に住んだのは築二十五年のマンションの一室。そこでは、何も起きない日はなかった。

夜、テレビを見ていると、横にある箪笥《たんす》の引き出しが勝手に開いて、中から手が伸びる。

朝食を食べていると、隣の部屋の畳と畳の間から束になった髪の毛が生える。

夕方、明かりを点けようと電灯の紐に手を延ばすと、紐が手に巻き付く。

寝る前にテレビを消すと、消えた画面に女の顔が映し出されて消えない。

寝ていると誰かが両方の耳の穴に指を突っ込んでくる。目を開けると誰もいない。

洗濯が終わったので洗濯機を開けると、中に女の顔がみっちりと入っている。

最初は嫌で仕方がなかったが徐々に慣れ、学校に通っている二年間、ずっと住み続けた。

「今だったら一週間と持たないでしょうけど、あの時はお金がなかったし、とにかく夢を叶えるんだと必死だったんでしょうね」

そう言って笑う茂田さんは現在、ヘアスタイリストとして活躍している。

聞こえる

なにかの番組で「あえぎ声をだす洗濯機」なるものを観たことがある。起動しているときのモーター音や回転音、文字にするとわかりにくいが「ウィ、ウィ」「ガ、ガ」「ブゥウウ、ブゥウウ」という音が重なって、かつ故障のせいか音程が高くなり「あん、あん」という女性の声に聞こえるというものだった。検索して頂ければ、もしや動画を観ることができるかもしれない。機械が卑猥《ひわい》な声とは、なかなか滑稽だったことを覚えている。

これと同じような「扇風機」の話をIさんが教えてくれた。

彼女が学生のころの夏、友人の家におじゃまして部屋で涼んでいると「そういえばウチの扇風機、声だすようになってん」と一階のリビングから扇風機を持ってきてくれた。

Iさんは「なんのこっちゃ」と呆れていたが、友人は「よう聞いててな」と笑って足もとの弱ボタンを押す。ブーンと音をたてファンがまわり、首を左右にふりだした。クーラーの風が拡散されて、部屋がより涼しくなっていく気がする。しかし、それだけだった。

「……なんか、めっちゃ涼しいだけなんやけど」「違うねん。今からやねん。いくで」

そういうと友人は強ボタンに切りかえた。

ファンの回転が速くなり、風が強くなると共に音もバァーッと大きくなる。

確かに普通の扇風機よりもうるさい気がする。それでもやはりただの音だ。「声ってほどではない……」といいかけたIさんの耳になにかが聞こえた。

それはひくい男の声のようであったそうだ。

「ホンマや……聞こえる」と青ざめるIさんに、友人は「やろ！」と嬉しそうだった。

「唸っている声だったのですか？　まさか、あえぎ声だったワケじゃありませんよね？」

私がそう尋ねると「いえ、どっちも違います」とIさんはかぶりをふった。

そのときに聞こえた声を記憶の限り教えてもらった。○○の部分は不明の箇所である。

「くるしくて、くやしいから○○」「あのおんなさえいなければ○○たすかったのに」「いつかここに○○をひきずって」「ちがとまらない」「○○だけはぜったいゆるさない」「おまえもな」

キンジョー

うるま市石川で電照菊の栽培をしている嘉陽田《かようだ》さんの話である。

嘉陽田さんは、金城《きんじょう》さんという六十過ぎのオジイを雇っていた。昼になると、金城さんに昼休みを告げるために、大声で畑にむかってこう叫ぶ。

「おい、キンジョー、ベントー！」

すると畑の中から金城さんがひょっこり顔を出し、「ホーイ」と返事をするのである。

それを、いつのまにか近所にいたカラスが覚えてしまった。

しばらくすると、電線の上から奇妙な声で「キンジョー！　ベントー！」「ホーイ！」と叫ぶのが聞こえてきた。

またそのカラスは、しばしば嘉陽田さんの農業小屋にも侵入し、人間たちの弁当をかっさらったり、わざとなのか、トラックのフロントガラスの上に糞を落としたりする、厄介ものでもあった。当時、カラスに効くとされていたキラキラと反射するものを吊るしてみたり、案山子らしきものを置いたりしたが、こいつにはまったく効果がなかった。

そんな折り、付近ではカラスによる農作物の被害が相次いでいた。そこで猟友会の人を使って、遂にカラスを駆除することが決まった。

その、物まねを覚えたカラスも例外ではなかった。何時間も逃げ回った末、とうとう追い詰められ、散弾銃で打ち落とされてしまった。

そのカラスは地上に落ちる瞬間、このように鳴いたといわれている。

「キンジョー！　ベントー！」

駆け寄った猟友会の男性の顔を見ながら、カラスは断末魔にこうささやいた。

「ホーイ……ホーイ……」

今でも空耳なのか、小屋の外ではっきりとその声を聞くことが、たまにある。

だが外に出ても何もいない。その時、金城さんは、あのカラスはまだここにいるのだろうなと、漠然とそんなことを考えるのだという。

煙人

栄《さかえ》さん宅は、家族全員が喫煙者である。

妹と共通の子供部屋で、兄は未成年の頃から堂々と煙草を吸った。栄さんも中学校に上がった年に親から彼女専用の煙草とライターを渡された。

「吸うなと言うならともかく、子供に煙草を勧める親なんて聞いたこともない！」

栄さんが反抗すると、両親は〈理由があるから見せてやろうか〉と言う。

子供部屋の中心に家族四人がまとまって正座し、両親と兄が煙草を絶って小一時間ほど経つと、部屋の四隅から白い煙が噴き出した。一瞬、火事かと思ったがそうではない。火の気もないのに、白い煙は人間のような形を成して、ゆるゆるとこちらに近づいて来る。

煙草に火を点けた父が〈ふーっ〉と紫煙を吹き付けるやいなや、白い煙の人はたちまち雲散霧消した。

「奴らを追い払うのは簡単、いつも部屋を煙草の煙で充満させとけばいいんだ！　って父が言ったの。あいつらより、煙草の方がカラダに良くない気がするけどね」

話を終えた栄さんは、短くなった煙草を灰皿に押し付けた。

スラング

英会話教室に通い始めた小学三年生の子どもが、ぶつぶつと変な言葉を呟くようになった。なにをいっているのかと思ったら、スラング——悪い俗語の口語表現ばかりで、なんていうことを教えているのだと教室にクレームを入れると、そんな言葉は一切教えていないという。

どこでそんな言葉を覚えたの、と子どもに訊くと、
「いつも教室から帰るときに、知らない外国人の男のひとが来て、僕の隣でそればっかりいうから覚えちゃったんだよ」と答えた。それ以上のことはないようだったが、とても攻撃的な言葉とあって、いつ危険なことが起こるかわからない。

この手で男を捕まえてやろうと、次のレッスンの日、英会話教室からわが子が出てくるのを待って、後を尾けた。が、近づいてくる者は誰もいない。子どもはすたすたと、どこにも寄り道することなく、自宅に向かって歩いていく。

帰宅後、今日は外国人のひと付いてこなかったの、と尋ねると、
「ううん、今日も来たよ。それで新しい言葉を覚えたんだ」

そういって、子どもが教えてくれたフレーズは、口にするのも怖ろしい言葉だったという。

寒い部屋

日が暮れても、うだるような暑さが続いていた、ある真夏のこと。

仕事から帰って来たS君がアパートのドアを開けると、室内が随分ひんやりとしている。

エアコンがつけっぱなしだったのだろうか。しかし今更、電気代を悔やんでも仕方が無い。

むしろ涼しい部屋に迎えられたのを幸いと捉え、彼はさっそく部屋着になってくつろぎはじめたが、逆に、どうにも涼しすぎ寒いぐらいに感じた。

設定温度を変更すべく、リモコンを手にエアコンを見上げる。

止まっていた。

すると間もなく電話が鳴り、両親の訃報を知らされたという。

粗大ゴミ

出してはいけない日に、出してはいけない場所に、ひどく染みのついた汚い畳が四枚、塀に立てかけて棄ててあった。

対処はされず放置されたままの状態が続いた。

ある夜、通りかかると人が立っているように見えたのだが、近づくと消えてしまった。

見ると畳の染みは重ねると人の染みを象るのに気づき、ハッとする。

肩を誰かが、ぶつ。

白いアルバム

二十年ほど前にかけがわ掛川さんの祖母が入院した。

見舞いに行くと顔を合わせて早々、「居間のたんす箪笥にアルバムが入っているから持ってきて」とお使いを頼まれた。持ってきて欲しいのは赤い表紙のアルバムで、白い表紙のものは絶対に持ってこないで、と強く念を押されたという。

すぐに祖母の家へ行って居間の箪笥を調べたが、中には衣類が詰まっているだけでアルバムは入っていない。他の場所と勘違いしているんだろうと寝室の箪笥も調べてみると、あるにはあったが、持ってくるなといわれた白い表紙のアルバムしか入っていなかった。

どうしてこのアルバムはダメなのだろう。よほど、見たくない写真でも入っているのだろうか。

興味もあったので中を確認してみると、一頁目は写真がなく、マジックで『社員旅行』とだけ書かれている。祖母が若い頃に勤めていた会社の社員旅行の写真なのだろう。入っているのは集合写真がほとんどだった。写真からは矢印が幾本も伸び、その先には写っている人の名前や何かの日付らしきものが保護フィルムの上から細マジックで書かれている。

祖母が嫌悪するような写真はないように思えた。

いくら探しても赤い表紙のアルバムは見つからないので白い表紙の方を持っていくと、祖母は顔色を変えて受け取りを拒絶したという。

理由を訊ねると、白いアルバムの写真に写ってる人たちは皆、若くして亡くなっているらしく、縁起が悪いからと持って帰らされた。その一週間後、祖母は亡くなった。

ある年の暮れ、祖母の家を整理していると、母が白い表紙のアルバムを出して見ていた。

「これ、お母さんの遺影に使いたかったわね」

そう言って、アルバムの中にある祖母のバストショットを指す。

以前に見た時は、そんな写真はなかったという。

祟り

五年前、城下《しろした》さんが祖父母の住む家へ行った時のこと。

昼食を終え、トイレへ行こうと立ち上がると祖母に呼び止められた。

「まだ行かんほうがえぇが。神さんが居よるから後にしろよ」

今はトイレに神様がいるから、使うのならあと後にしろというのである。

いきなり何を言い出すのかと笑ってしまった城下さんは、「腹が痛いんだよ」と忠告を無視してトイレに向かった。後ろから「祟るぞ、祟るぞ」と言いながら祖母が追ってきたので気味が悪くなり、小走りでトイレに駆け込んだ。

「祟りなんでしょうか」

便《べん》のかわりに、おびただしい量の血が便器を染めたという。

冷蔵庫

深夜、水が呑みたくなった。
寝起きのまま電気も点けず、
冷蔵庫のドアを開けたまま、ペッドボトルを口飲みした。
開いたドアの後ろに男がいる。
凄く見ている。

第一発見者

深夜、G君は友人たちと心霊スポットを回り、皆を送った後、ひとりで帰路につく途中で事故車を見かけた。

林道脇の木に正面から激突している。どれだけ時間が経っているのかわからないが、自分が第一発見者のようだった。慌てて運転席に駆け寄ると、血まみれの太った男が呻いている。幸いドアが開いたのでシートベルトを外し、車から出した。

「大丈夫ですかッ」

そう訊くと、ええ大丈夫ありがとう、と答えた。

ガソリンの引火が怖いので、少し離れた場所まで肩を貸しながら歩く。通報すると、しばらくして救急車が到着し、救命士たちが男の容態を診はじめた。

すると、そのうちのひとりが、

「あなたが車からここまで運んだのですか。重たかったでしょう、大変でしたね」

というので、

「いいえ、意識もはっきりしているようでしたし、一緒に歩きましたから平気でしたよ」

そう答えると、眉根を寄せて、そんなはずはないという。

男は心肺停止の状態だが、心筋梗塞《しんきんこうそく》で即死していると思われ、死後数時間は経っているはずだといわれたそうである。

仮眠室

グループホームとはお年寄りや障害者が介護職等の力を借りて共同生活を送る場である。

外村さんは、とあるグループホームで介護職として働いていた。

その日、夜勤だった彼は、いつものように午後九時に入所者全員を寝かしつけ、彼自身も午後一時頃に職員用の部屋で仮眠に入った。

眠りについてしばらく経った頃、息苦しさに目が覚めた。胸の上に何か重い物が乗っている。あまりの苦しさに呻き声を上げながら、それから逃れようと身を捩《よ》じり、腕に力を入れる。何度もそれを繰り返して、漸《ようや》く体が解放された。上体を起こして、乱れた呼吸を鎮めようとする。

ふと、すぐ横に誰かの気配を感じ、はっとそちらに目を向けた。

グズグズに崩れた顔があった。どこが目でどこが口なのかも分からない。性別すらも判然としない何者かが、縮れた髪をバサバサに振り乱し、彼の方にじっと顔を向けながらすぐ隣で正座していたのだ。

思わず「うわっ！」と小さな悲鳴を上げて飛びのくと、その姿は消えて無くなった。

それからというもの、夜勤中に仮眠を取る度にそいつが姿を現わす。外村さんはその部屋で仮眠を取るのを止めた。

後から聞いた話だが、他にも同じ体験をして辞めていった職員が何人かいるのだそうだ。

優しい声

夜景を眺めながら、男は優しい声をだした。

「綺麗だね……ぼくはずっとキミと一緒に、ここへ来たかったんだ」

隣にいる女性に話しかけていたのではない。両手に抱えている「骨壺」に男は声をかけていた。きっと大切な誰かを亡くしたのだろう――彼を不憫《ふびん》に思ったが何人かのカップルは口々に「こわい」「不気味」「キモいね」「作りもの？」とつぶやいて男から離れていく。

確かに、間違いなくあれは「骨壺」だった。

しかし、まわりの者たちには長い髪がついた「頭蓋骨」にみえていたそうだ。

正体見たり

ユタ（沖縄のシャーマン。霊能者）の道子オバアがある朝目覚めると、仏壇に見知らぬ小人が立っていた。小人は浅黒く、ミイラのような感じがして、何かが焼けたようなおぞましい臭いがした。

邪気を感じた道子オバアがお祓いのグイス（祝詞）を大声で唱えると、小人はまたたく間にカピカピにカビの生えた小さなミカンに変貌した。

大声に驚いたお弟子さんは急いで走ってくると、道子オバアに尋ねた。

「一体どうされたのですか？」

「マジムン（沖縄の妖怪）の、正体見たり、カビみかん」と道子オバアは詠んだのだという。

カビの生えたみかんの中には、不思議なことに子どもの抜けた歯が一本、入っていた。

脳臭

商店街のちいさな書店に務める女性がいる。彼女は、お客さんがどんな本を求めているのか、「におい」で判るのだという。

「顕著なのはレシピ本を求めにきたお客さんですね。料理の美味しそうな香りが、その人からにおってくるんです。売れ筋のベストセラーを買いにきた人は、ちょっと埃っぽいというか、工場みたいなにおい。あれは都会的ってことなのかな。めあてもなくフラフラときた人は無臭だから、実はいちばんわかりやすいんです」

本人はそれを《脳臭》と名付けている。

「頭のなかで考えてる内容が滲んでるのかな、と勝手に考えていて。でも職場を出ると全然わかんなくなっちゃいますけどね」


ある日、届いた本の梱包を解いて棚に差していると、、後ろをとおりすぎた客から、ものすごい悪臭が漂ってきた。

「私、以前に旅のお土産でもらった塩辛を、車の後部座席におき忘れたことがあって……。それを三日ぶりに発見して、うっかり蓋を開けた時の臭気を思いだしました」

客は三十半ばの男で、ブツブツ言いながら書棚をまわっている。いったいなんの本が欲しいのだろうと思っていた矢先、男がレジに持ってきたのは、「生命保険のQ＆A」と「生ゴミリサイクル入門」、そして殺人史をテーマにした研究本だった。

「あの《脳臭》さえなければ、多趣味な人で終わったんだろうけど……あのとき、あの人頭のなかでなにを考えてたんだろうって考えると、ぞっとしますね」

その件があって以来、彼女は鼻の下にメンソール系のクリームを塗るようになった。映画でＦＢＩの女性捜査官が使用していたのを参考にしたのだそうだ。

「普通の《脳臭》も判らなくなっちゃうんですけど……もう一度あのにおいを嗅いじゃう怖さに比べたら、全然マシですね」

鼻の下を指で軽く擦って、彼女は微笑《ほほえ》んだ。

危うきに近寄る

最初に話を聴いたのは、去年の夏である。渡辺さんがひとり旅に出た時の出来事だ。

渡辺さんの趣味は、地元民しか知らないような神社仏閣を訪ね歩くことだ。

その時の旅は、そこそこ良物件はあったものの、今ひとつ物足りなかったという。

渡辺さんはふと思い立ち、客待ち中のタクシーに訊ねてみた。

運転手は大きく頷き、知っているが遠いから乗っていけとドアを開けた。

到着した神社は鬱蒼とした森に囲まれていた。色褪せた朱色の鳥居が立っている。

運転手に待っていて欲しいと頼み、渡辺さんは足を踏み入れた。

その瞬間、何とも言えない空気の重さを感じて立ちすくんだ。

廃神社とまではいかないが、境内は所々にゴミが溜まり、よく見ると森も枯れた樹が多い。頭に浮かぶのは、荒んでいるという言葉だけだ。

とりあえず、渡辺さんはいつもの習慣通り、手水に向かった。

作法通りに行おうとした手が止まる。鉄錆の臭いがするのだ。見た目に異常は無い。

だが、水をかけた左手が少し痒くなった為、そこまでにした。

境内は静寂そのものである。人の気配どころか、鳥の声すらしない。

じっくりと拝殿を観察する。本殿は無いようだ。

取り巻く森の中に、もう少し何か見るべきものがあるかもしれない。

運転手は、のんびりとタバコをくゆらせている。

少しぐらいなら待たせても支障が無いように思えた。

渡辺さんは拝殿の裏側に回った。鬱蒼と茂る森を進んでいく。

五分も歩かぬうち、池が現れた。

手水鉢と同じ種類の臭いだが、濃度が高いようで、強烈に鼻を襲ってくる。

近づいて見ると、かなり深い。まるで底が見えない。

何かが生息しているらしく、影が動いた。魚どころではない大きな影であった。

その影は水中で平泳ぎをしていたという。

去年、取材できたのはそこまでである。

もう少し詳しく聴こうと思い、電話をかけてみた。

渡辺さんは、もごもごした口調で「左手が腐って落ちたの」とだけ言って電話を切った。

首なしカップル

香美《こうみ》さんの地元にあるラブホテル街に、首のない女と首のない男のカップルがうろついているという目撃談が複数あった。

男がホテルへ入ろうとすると、女が拒否して道に立ちすくむ。

そしてまた二人はホテル街をうろうろ歩き、しばらくすると男がホテルに引っ張り込もうとして女が拒絶する。

それを深夜三時過ぎに延々繰り返しているのだという。

首のない男が入ろうとするのはいつも同じホテルで、そこはかつて殺人事件があったことで地元では有名な古いラブホだった。

だが事件で殺されたのは女だけだし、被害者は首を切り落とされたわけでもない。

まして男との関係はまるで不明である。

十年ほど前にホテルが老朽化を理由に解体されてからは、このカップルの目撃談もぱったりと途絶えた。

跡地には新しく今風のおしゃれな外見のホテルが建てられた。

このホテルの開業当初、部屋で点けているテレビや有線の音声に女の喘ぎ声が混線する、という怪現象がなぜか多発したらしい。

「首なしカップルがとうとうチェックインできたのかも」

「やっぱり女の子は趣味のいいおしゃれなホテルじゃないとねえ（たとえ首なしでも）」

そう地元の若者の間で、当時はちょっとした噂になったそうである。

ずうずうしい墓

　Tさん一家は墓参りで転ぶことが多いそうだ。

「それも必ず決まって隣の家の墓の前なんだよ」

　隣のK家とは、墓も隣同士なのだという。

「うちとはずっと仲が悪いんだけど、ろくに墓参りもしないような家でね」

　K家の仏達は、T家がきちんと墓参りをしているのが羨ましいのだろうとTさん。

「だから転ばして来るんだよ。こっちも気を付けてるんだけどさぁ」

　祟られるのも厄介なので、K家の墓にも水ぐらいはかけるとのこと。

「柄杓《ひしゃく》振りかぶって投げつけるようにね。それでもありがたいと思って欲しいもんだけどさ、ずうずうしい連中だから感謝なんてしないんだね、毎回転ばしにかかりやがる……俺が死んだら隣の連中も転ばしてやりたいけど、あいつらは墓参りに来ないからなあ」

無実

隣室に住む独り暮らしの老人が夜中に壁を叩く。

その頻度と音があまりにも凄まじいので不動産屋に相談したところ、半月ほど経って、老人が菓子折を手に訪ねてきた。

「自分ではうるさくしていたつもりはないのですが……無自覚のままにご迷惑をかけては申しわけないと、このたび引っ越しを決めました」

こちらが恐縮するほど何度も何度も頭を下げ、老人は背中を丸めて去っていった。

そして。

その翌々日から、再び壁が鳴るようになった。

隣室は空である。

ああ、濡れ衣だったかと老人に手を合わせて詫びながら、布団にくるまったまま朝を待っている。

夜道

ひとりぼっちの夜道を帰っている。
ポケットに入れた手が不意になにかに握られる。

著者紹介

我妻俊樹（あがつま・としき）

歌人。怪談作家。第三回ビーケーワン怪談大賞で大賞受賞。短歌や怪談というジャンルで日常と非日常のあわいにある恐怖を作品化する。単著に「実話怪談覚書」シリーズ「奇々耳草紙」シリーズなど。共著に「ＦＫＢ饗宴」シリーズ、「てのひら怪談」シリーズ、「怪談　四十九夜」シリーズなど。

伊計 翼（いけい・たすく）

怪談を集める団体「怪談社」に所属している書記。著書に「怪談社　十干シリーズ」『赤ちゃんはどこからくるの』『魔刻百物語』『あやかし百物語』『怪談与太話』共著に「怪談五色」シリーズ『恐怖通信／鳥肌ゾーン』など。日々、実話怪談師たちと取材に勤しんでいる。

宇津呂鹿太郎（うつろ・しかたろう）

兵庫県在住。第三回『幽』怪談実話コンテストで佳作入選。地元を中心に怪談イベントなどで活躍中。単著に『怪談売買録　死季』『異怪巡り』、共著に『怪　異形夜話』『怪談実話ＮＥＸＴ』『怪談実話コロシアム　群雄割拠の上方編』など。

小田イ輔（おだ・いすけ）
宮城県出身。職を転々としつつうろうろと東北地方を彷徨い歩いては、その土地の人間に訊ねて怪談を蒐集している。単著に「実話コレクション」シリーズなどで、最新作は『実話コレクション　憑怪談』。共著に『FKB饗・百物語』『怪談四十九夜　鎮魂』など。

黒木あるじ（くろき・あるじ）
『幽』怪談実話コンテストにて審査員の平山夢明より「ブンまわし賞」を受賞。『怪談実話　震』で単著デビュー。「無惨百物語」シリーズ、「FKB饗宴」シリーズ、「怪談五色」シリーズ、『ふたり怪談』、「全国怪談　オトリヨセ」シリーズ、『怪の放課後』『怪の地球儀』『怪社奇譚　二十五時の社員』など多数。監修・執筆に『怪談　四十九夜』など。今回の掲載作品は、シリーズ最終巻『怪談実話　終』にページの都合上未収録となったものである。

黒　史郎（くろ・しろう）
小説家として活動する傍ら、実話怪談も数多く手掛けている。単著に『黒塗怪談　笑う裂傷女』、『実話蒐集録　暗黒怪談』『実話蒐集録　漆黒怪談』『実話蒐集録　闇黒怪談』ほか。共著に「FKB饗宴」シリーズ、「怪談五色」シリーズ、「百物語」シリーズ、『怪談四十九夜』など。

小原 猛（こはら・たけし）
沖縄県在住。沖縄に語り継がれる怪談や民話、伝承の蒐集などをフィールドワークとして活動。著書に『琉球妖怪大図鑑』〈沖縄の怖い話〉シリーズ、『琉球怪談作家、マジムン・パラダイスを行く』など。共著に『怪談四十九夜　鎮魂』『男たちの怪談百物語』『恐怖通信／鳥肌ゾーン』など、DVD『怪談新耳袋殴り込み・沖縄編』『琉球奇譚』『北野誠のおまえら行くな。沖縄最恐めんそ〜れSP』など。

神 薫（じん・かおる）
静岡在住の現役の眼科医である。単著に『怪談女医　閉鎖病棟奇譚』『骸拾い』など、共著に「FKB饗宴」シリーズ、『恐怖女子会　不祥の水』、「百物語」シリーズ、「怪談　四十九夜」シリーズなど。

つくね乱蔵（つくね・らんぞう）
福井県出身。第2回プチぶんPetio賞受賞。実話怪談大会「超-1／2007年度大会」で才能を見いだされデビュー。内臓を素手で掻き回す如き厭な怪談を書かせたら右に出る者はいない。主な著書に『恐怖箱　絶望怪談』『恐怖箱 厭魂』『恐怖箱　厭鬼』、その他主な共著に『怪談五色』シリーズ、『恐怖箱』トリニティシリーズ、『アドレナリンの夜』三部作など。

丸山政也（まるやま・まさや）
第三回『幽』怪談実話コンテストで大賞受賞。単著に『奇譚百物語』『怪談実話 死神は招くよ』、共著に『怪談五色 破戒』『怪談実話コンテスト傑作選3 跫音』『てのひら怪談』『みちのく怪談』シリーズなど。

平山夢明（ひらやま・ゆめあき）
『「超」怖い話』シリーズはじめ、心霊から人の狂気に到るものまで、数多くの実話怪談を手掛ける。「怖い話」シリーズ、「顳顬草紙」シリーズ、『鳥肌口碑』など。狂気系では「東京伝説」シリーズ、監修・執筆に「FKB饗宴」シリーズなど。単著での近作は、初期の時代の『「超」怖い話』シリーズから、平山執筆分をピックアップしてまとめた「平山夢明恐怖全集」（全六巻）、『怪談遺産』。

恐怪談売買録 死季　宇津呂鹿太郎

怪異は待ち伏せしている！「実話怪談、買います」……怪談ワークショップで集めた衝撃の体験談！黒木あるじに続くシリーズ第2弾！

恐怖実話 狂葬　渋川紀秀

痛みがある狂気、血が流れる怪異体験！體に刻み込まれた恐怖譚！　生者と死者、本当に怖いのは？　日常を突き崩すサイコな事件と心霊譚！

琉球奇譚 キリキザワイの怪　小原 猛

オキナワ、不可思議な恐怖に襲われる！怪異と暮らす現地の実話！　うちなんちゅ（地元の人）だけが知る島の禁忌譚。でーじ怖い！

恐怖箱 死縁怪談　橘 百花

根の深い恐怖。血と地に染み付いた呪い。手に汗が…息がつまる実録怪談！　執念の取材で集めた禍々しき恐怖が満開。橘百花、待望の初単著！

実話蒐録集 闇黒怪談　黒 史郎

絶望することもできない最凶の恐怖が待っている！わけもわからず呪われる実話集。黒史郎の人気シリーズ最新作！

実話怪談 穢死　川奈まり子

怪異に引きずり込まれる……心の中まで恐怖に侵される！　恐怖に全身を晒す実話、リアルを刻んだ実録心霊譚！

恐怖箱 醜怪　神沼三平太

粘りつく恐怖。死を呼ぶ忌話。手加減なしの容赦なき実話怪談！　生者と死者のおぞましさが迸る究極のガチ怖系厭怪談！

「超」怖い話 酉
加藤 一（編著）
こっちへおいで……。
怪談の新たな夜明けに鳥が啼く！
伝説の実話怪談が贈る最高にクールな心霊怪奇譚！

恐怖実話 怪の足跡
吉田悠軌
瑕疵物件、事故現場…恐怖の残穢が
胸に突き刺さる！　体験現場からの忌まわしい
怪談、暗澹とした実話譚！

実話怪談 奇譚百物語
丸山政也
暗闇なのにはっきり見えた…
確かに感じる、不安と恐怖！
心がつぶれてしまう実話、奇怪な百物語！

怪談四十九夜 鎮魂
黒木あるじ（監修）
暗闇から怪異と恐怖が増殖する！
人気怪談作家が語るすぐ読める49話。
シリーズ好評第2弾、恐怖の夜がやってくる…！

恐怖箱 絶望怪談
つくね乱蔵
逃げても逃げても追ってくる凶きモノ…。
凄絶な呪いと祟り。心臓を殴られるような衝撃、
容赦なき袋小路怪談全36話！

鬼哭怪談
葛西俊和
終わりのない不安とうなされる悪夢のような
恐怖実話！　デビュー作「降霊怪談」から1年、
進化した恐怖に心が折れる！

実話コレクション 邪怪談
小田イ輔
この怨み、晴らさずには逝かれない…。
怪を引き寄せる著者の大人気シリーズ、
最新恐怖譚！　死人が見ている恐怖実話！

怪談五色 破戒
川奈まり子、我妻俊樹、丸山政也、渋川紀秀、福澤徹三
鬼火が照らすこの世の阿鼻叫喚！
永遠不滅の恐怖を五人が織りなす実話集。
多彩で救われない恐怖怪談！　大好評、第2弾！

恐怖箱 酔怪
加藤 一（編著）
酔いは醒めても恐怖は消えぬ…。
恐怖箱の人気作家14人が競作、酒場の霊から
御神酒の怪まで首まで浸かって溺れる実話怪談‼

怪談売買録 拝み猫
黒木あるじ
振り向くな！　耳を澄ますな！　怪しい気配を
目で追うな！　怪異はすでにそこにいる…。
禍々しい風土の祓えない恐怖譚！

あやかし百物語
伊計 翼
永遠の業火で呪われし九十九話。読み終えた後は…
知らない！　YouTuberせきぐちあいみも戦慄！
怪談社百物語シリーズ、第2弾！

「超」怖い話 仏滅
久田樹生
不思議なこと、空恐ろしいこと、あるんです…。
大反響の前作「怪仏」に続くお寺の住職が語る怖い話。
占い師の語る恐怖実話も同時収録！

奇々耳草紙 死怨
我妻俊樹
幽明が怪異を産み落とす実話怪談集！
感じる人は憑り殺される…歌人の感性がとらえた
一瞬の怪、日常に潜む禍々しい恐怖実話！

百万人の恐い話 呪霊物件
住倉カオス
大人気怪談サイト「百万人の恐い話」主宰者が、
瑕疵物件をはじめ、心霊現象の現場から禁断の
レポートをお届け！　大反響、シリーズ第2弾！

瞬殺怪談 斬

2017年8月5日　初版第1刷発行

著者	我妻俊樹　伊計 翼　宇津呂鹿太郎 小田イ輔　黒木あるじ　黒 史郎 小原 猛　神 薫　つくね乱蔵 丸山政也　平山夢明
デザイン	橋元浩明(sowhat.Inc.)
企画・編集	中西如(Studio DARA)
発行人	後藤明信
発行所	株式会社 竹書房 〒102-0072 東京都千代田区飯田橋2-7-3 電話03(3264)1576(代表) 電話03(3234)6208(編集) http://www.takeshobo.co.jp
印刷所	中央精版印刷株式会社

定価はカバーに表示しています。
落丁・乱丁本の場合は竹書房までお問い合わせください。

ISBN978-4-8019-1158-1 C0176